千年龟兹古国

徐东 编著

華齡出版社

责任编辑：高志红
装帧设计：刘苗苗
责任印制：李未圻

图书在版编目（CIP）数据

千年龟兹古国/徐东编著．—北京：华龄出版社，2010.1
（寻找古国系列丛书）
ISBN 978-7-80178-596-1

Ⅰ.①千… Ⅱ.①徐… Ⅲ.①龟兹-地方史 Ⅳ.①K294.5

中国版本图书馆CIP数据核字（2010）第011386号

书　　名：千年龟兹古国
作　　者：徐东　编著
图片提供：万象图库
出版发行：华龄出版社
印　　刷：三河科达彩色印装有限公司
版　　次：2010年1月第1版　2011年10月第4次印刷
开　　本：710×1000　1/16　印　　张：9.25
字　　数：60千字　印　　数：15 001～18 000册
定　　价：20.00元

地　　址：北京西城区鼓楼西大街41号　邮编：100009
电　　话：84044445（发行部）　传真：84039173

前言　触摸龟兹

“大漠孤烟直，长河落日圆。”抹开黄沙的幔帐，倾听着阵阵的驼铃，在那古乐声声之中，让我们一起来神游一番那早已逝去的龟兹古国——一个不老的绿洲神话，一个永远年轻的歌舞之邦！

手捧万卷史书，耳闻千番音乐，那翡翠一般的绿洲古国，仿佛又重新出现在我们的眼前，向我们诉说着一个个令人陶醉的古国故事，那仙境一样的绿洲古国，永远令每一个知道她名字的人心旷神怡……

来！让我们手牵着手一起去走一遭，去一睹这美轮美奂的龟兹古国诱人的面庞——

翻看中国的史书，我们首先就可以接触到一个文字上的龟兹古国。龟兹，就是现在新疆的库车县所在地，古时是西域地区的一个大国。龟兹这个国名是其汉语音译，它的梵文称为“Kucā”。在中国历代的史书中，龟兹又称为丘兹、丘慈、鸠兹、归慈、屈兹、库彻、屈茨、屈支、拘夷、苦先、苦叉、曲先、俱支那、俱友囊、邱兹等等名目，不一而足。无论如何称呼，其实都是指代龟兹这一地区。古龟兹国在其强盛之时，疆域不可谓不大，几乎包括了焉耆盆地以外的整个塔里木盆地北岸地区。北倚天山山脉，南临塔克拉玛干大沙漠，东

与焉耆盆地诸国相连，西面临葱岭，是西域中盛极一时的一个国家。加之建于绿洲之中，又依山傍水，所以物产丰盈，矿藏丰富，人民安居乐业，生活可谓富庶。而且，这里的人民个个都能歌善舞，所以龟兹古国无论是在经济上还是在文化上都可谓是文明之邦。《晋书·四夷列传》中描绘龟兹国时说："龟兹国西去洛阳八千二百八十里，俗有城郭，其城三重，中有佛塔庙千所。人以田种畜牧为业，男女皆剪发垂项。王宫壮丽，焕若神居。"可见当时的古龟兹国真是个非常繁荣富庶的地方，宛然世外桃源。历史上的龟兹古国身处"丝绸之路"的要冲，乃是中

天山

前言 触摸龟兹

西商贾、僧侣、使者们的必由之路，所以龟兹充当了中西经济文化交流大桥梁上的一个重要环节。当我们时隔千年后再来追寻那逝者的足迹时，还是依旧可以想见当年那商旅使团相望于道，骡马之声远近相闻的情景。不仅如此，由于龟兹人烟向来称盛，在与中原地区频繁的经济文化往来之中，龟兹的歌舞乐器等等开始传到中原，中原的先进文化与技术也传播到龟兹，这使我们再去探寻千年龟兹古国时不再感到陌生。

龟兹国使臣

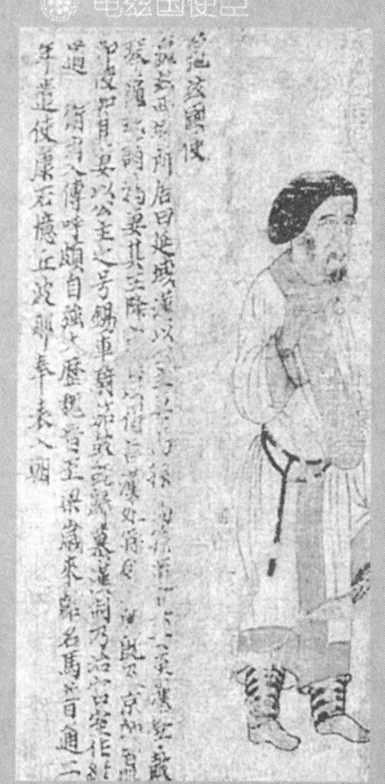

让我们一起静静地来到龟兹古国，先来目睹一下它那诱人的美吧。走进龟兹古国，恐怕首先要浸染进它的佛香缭绕的气氛中去，因为这里不仅是丝绸之路上的重要一站，更是印度佛教东传中国的第一站。佛自西来，龟兹首为虔诚恭迎，渐趋而播入中原，佛教始大兴于天下。因此，

龟兹古国的佛教尤其鼎盛，后来还成了龟兹的国教。举国之内广修寺院、大凿石窟。至公元3世纪的时候，龟兹国境内就有佛塔庙宇接近千所。一时香火缭绕，伽蓝所所，梵音阵阵，有若天国。佛教后来传到中原，龟兹仍然与其保持着联系和交融，而像龟兹高僧鸠摩罗什、唐朝玄奘大法师等等著名僧侣佛徒，都和龟兹古国有着解不开的缘。所以，龟兹古国的佛教对中原地区的佛教的影响是很大的。我们当中要是有人想烧香拜佛的话，那么到龟兹古国来是绝不会失望的。

克孜尔石窟

当你还没有从那佛香的气味中回过神来的时候，恐怕又要陶醉在扑面而来、引人入胜的佛教艺术中去了。

前言 触摸龟兹

龟兹的佛教既盛，佛教艺术自然也是璀璨十分。其石窟建筑、壁画艺术等等都堪称是夺天工之作，那至今仍然耸立在库车县内的美丽的克孜尔千佛洞，是蜚声中外的著名古代艺术宝库之一，被誉为青出于蓝的"第二敦煌"。其艺术水平之高，足让天下人叹为观止。

如果你是古典音乐舞蹈的爱好者的话，那么到龟兹来的时候，恐怕就挪不动步子了呢，因为龟兹不仅是佛教的故乡，更是音乐舞蹈的天国。龟兹人民能歌善舞，龟兹的音乐、乐器和舞蹈那是名震千国的，流传到中原之后反响极大，几乎可以说引起了中原地区的"音乐革命"。许多文人墨客的诗词篇章里都曾经热情赞颂

丝绸之路上的古城堡

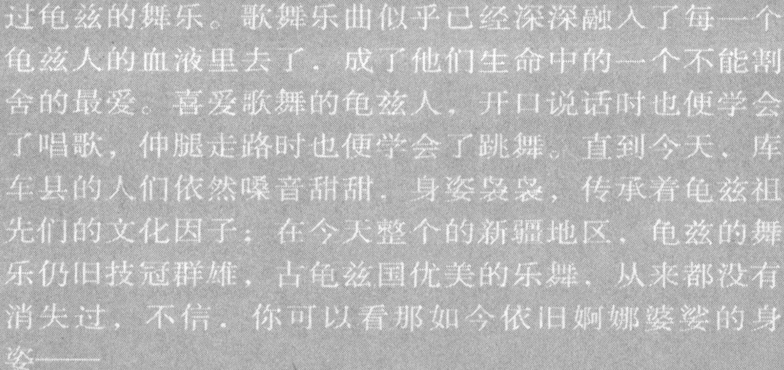

过龟兹的舞乐。歌舞乐曲似乎已经深深融入了每一个龟兹人的血液里去了，成了他们生命中的一个不能割舍的最爱。喜爱歌舞的龟兹人，开口说话时也便学会了唱歌，伸腿走路时也便学会了跳舞。直到今天，库车县的人们依然嗓音甜甜，身姿袅袅，传承着龟兹祖先们的文化因子；在今天整个的新疆地区，龟兹的舞乐仍旧技冠群雄，古龟兹国优美的乐舞，从来都没有消失过，不信，你可以看那如今依旧婀娜婆娑的身姿——

龟兹，这个绿洲上的明珠，至今仍然是那么的流光溢彩，是那么的出神入化，令人神往，我们寻找早已离我们而去的古国，却觉得她仿佛就在我们的身边，这不恰恰是古龟兹国无比诱人的魅力所在吗？

龟兹是如此的美丽和神秘，让人心动，让人向往，我的心早已等待不及，而你的心是否也已怦然而动？来吧，我的朋友，让我们踏着那袅袅的舞乐之声，轻轻地朝那绿洲的罗帐走去吧，去看看那千年龟兹的美丽面庞，一睹千年龟兹的仙风神采——

走吧……

目 录

第一编 绿洲明珠映今昔

龟兹古国是个千年来就蜚声华夏大地的著名的“绿洲之城”。它位于塔里木盆地的北部地区，是当时西域诸国中的一个大国，在风云际会的历史舞台上角逐了1000余年，声势浩荡，演绎了一出出的历史话剧，给我们带来了数不清的遐想。龟兹古国作为“丝绸之路”上的一颗璀璨的明珠，如今早已经湮没在了历史的长河之中，但是它那绚丽夺目的光彩却是永恒不灭，绝不因历史的消逝而消失，它永远地吸引着我们踏着龟兹古风徐徐走进历史大门中去，去领略那古国的神采。如果你感觉到这古国过于虚远而太不好琢磨的话，那么今天的“绿洲之城”——美丽的库车县的万种风情，就能够引领着去感知那遥远的龟兹古国……

逐水草而居

一、龟兹古国今貌
——库车美丽风情

美丽库车

龟兹古国地处西域中心地带，扼历史上著名的“丝绸之路”的中段要冲，国都延城，即今天的库车。但是历史上的龟兹，在范围上实际上要远远超过现今的库车县，龟兹古国统辖包括今天的库车、轮台、沙雅、拜城、新和等地，实际上包括了今天阿克苏地区的绝大部分地区。在当时，它是西域的一个十分重要的第三大国，更是“丝绸之路”的一个重镇。这片土地是神奇而美丽的，它蕴涵了那奇异的灵韵，至今仍然能让生活在这片土地上的人们得到历史文明的滋润。而今天的库车县，正是当年龟兹古国

库车的河流

的都城地区，至今仍然可以从新疆库车县的美丽风情中找到龟兹古国流风余韵：那久久不能散去的历史文化内涵、绵延至今的优美歌声、光耀千古的佛教艺术，等等，都散发着无穷无尽的诱人魅力。历史给予了今天的库车以数不清的盛世风情，让它们荡漾在美丽的绿洲之上。当我们今天再去观察的时候，似乎也就读到了古籍上记载的那美丽的传说一般的龟兹了。

新疆的库车县位于天山南部中段，是一个美丽的绿洲之城。库车南北长 193 公里，东西宽 164 公里，其南北两部各具特色：南部以平原为主，北部以山地为主。地势是北高南低、西高东低，总面积约 1.52 万平方公里。现在的总人口约 38 万，是一个人口聚居的大城市，由此我们也不难想象当年古龟兹国的人烟阜盛的景象了。这里不仅仅是当年著名的“丝绸之路”上的一颗璀璨的明珠，更是现代西部大开发的一个重镇所在。库车吸引来了无数的目光，作为新疆南疆地区的一个交通枢纽和东大门，更作为现在“西气东输”的源头；一座充满激情、活力四射的现代化都市在古代这美丽富饶的绿洲之上耸立起来。

绿洲之城

在地理环境上，库车位于中亚东部地区。因此，在自然生态环境上，它带有中亚的许多特征，最明显的、对当地影响最大的就是降雨量稀少。从历史上看，中亚地区的年平均降水量一般就在 200 毫米左右。天然雨水的稀少，使得这一地区的农业自古至今所依靠的主要手段就是人工灌溉，可见水资源的贫乏并不能阻挡人们开发自然、在这片神奇而古美的土地上生存下去的信念。在上千年的人与自然的交融斗争之中，库车人锻造出了他们那坚韧、顽强的性格，硬是把这方土地织成画锦一样的绿洲之城，今天

龟兹古渡

我们要是到库车去观光的话，除了历史古迹之外，恐怕就得赞叹这原本基于绿洲之上的现代城市的现代美啦。现代城市耸立在古老的绿洲上，似乎更是人们对这里恶劣天气的一种胜利的丰碑，人们不禁会为这里所发生的一切而感到惊讶，因为周围的一切都和人们头脑中的中亚大陆干燥的沙漠化气候以及那沙尘漫天狂风阵阵的景象不同。尽管这里不是塞外江南，一切却都是那么自得其美。无论是粗犷的沙漠景色，还是秀丽的山川远景，抑或是绿绿的绿洲庄园，都显出了一幅骄人的独特的美。这种美，只有库车

龟兹古城

有，也只有绿洲之城有。置身其中，当你到庄园看到那累累的葡萄盈盈欲滴的时候，当你看到大街两旁的霓虹灯初放华彩的时候，当你看到那其乐融融的万家灯火的时候，你就完全已感觉不到这是在一片自古以来就令人感到很遥远的土地上，这一切都是那么顺其自然，和谐宁谧。迎着和煦的阳光，已然没有风沙的侵蚀肆虐，在库车这样宁静祥和的夜晚，我们果真能听到那龟兹古国的舞曲音乐袅袅而来，在空中弥漫，尽显这历史名城的温柔和美丽。

库车更加吸引人的地方之一，就是大自然所赐予的旖旎的自然风光。因为库车所处的特殊的自然地理环境，所以在这方土地上可以同时领略到春、夏、秋、冬四季美景——既有银雪皑皑的冰川，也有潺潺流动的河流，可以看到郁郁森森的森林，更可遥望一望无垠的戈壁，衬托着孕育万物灵光的绿洲。

今日库车

今天的库车已经建设成为南疆地区的一个西部大开发的枢纽重镇，更是我们整个中国的一个聚宝盆。库车在矿物资源上最丰富的是其巨大的油气资源。库车处于塔里木盆地地缘，这里石油和天然气的储量极其丰富，总资源约 205 亿吨，其中石油约 129 亿吨，天然气约 8.4 万亿立方米。而库车境内已经科学探明的原油储量占全盆地已探明储量的 50% 以上，天然气储量占全盆地已探明储量的 66% 以上，这样的一个比例数字，已经能够突显出库车的重要地位了。所以，库车成为整个塔里木盆地天然气和石油开发的中心“战场”，其中已经科学探明的牙哈、雅克拉、伊奇克里克以及东河塘等整装油气田均位于库车县境内，而像英买力油田等等周边的几个油田，也都围绕在库车周围。自然库车成为了现代“西气东输”的源头所在地。这个聚宝盆到底蕴藏了多大的

能量？无人能够说得清楚；但是这个聚宝盆能够给这块古老的土地带来多大的翻天覆地的变化，则是人们所不敢小觑的。

今天的库车，载不尽的古龟兹风情和数不尽的现代气息——你可以置身于克孜尔千佛洞、库木吐拉千佛洞，可以漫步苏巴什古城，可以登游克孜尔尕哈烽火台等等名胜古迹，你可以游历神秘的天山大峡谷，参观美丽的葡萄园，贴近巍峨的天山雪莲，可以俯伏炙热的戈壁，更可以信步库车城中的街道商厦，随便品尝街头小吃……在库车一天，就会感觉一天古代龟兹的韵味，感觉到现代库车的美丽。而当你寂然凝虑的时候，你会真的回到那袅袅而来的古代龟兹王国中，再去领略一番龟兹古国的人文、地理、风情、世事……

二、丝路明珠
——龟兹古国的人文地理

龟兹古国概况

古代龟兹乃是当时的西域大国，为西域一时之盛地，史书中多有记载。《汉书·西域传》曾记载：“龟兹国，王治延城，去长安七千四百八十里。户六千九百七十，口八万一千三百一十七，胜兵二万一千七十六人。……南与精绝、东南与且末、西南与扜弥、北与乌孙、西与姑墨接。能铸铁，有铅。东至都护治所乌垒城三百五十里。”可见汉朝时的西域，人口、城市规模已经比较庞大了，而且生产发展水平也有了很大的提高，已经具备了铸铁的技术。这尚且是在《汉书》中的记载。可见此时的龟兹之富庶华美已经令中原人士为之动心了。

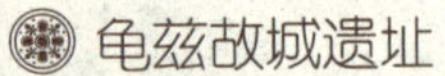
龟兹故城遗址

古代龟兹地区也是典型的暖温带干热性气候，降水稀少，和现在

的情形差不太多。但是它的一个得天独厚的条件，是其北部和西部都依傍着巍峨的雪山，山上有千年积雪，夏天积雪融化后就形成了湍急的河流。这些河流从雪山上奔流下来，穿过龟兹境内，然后流出了绿洲，最终消失在了茫茫的戈壁滩上。这些自然形成的河流，主要有阿克赛河、叶尔羌河、卡拉苏河、库车河、渭干河以及塔里木河等等。这些河流的河道，一经形成后，一般不会发生大的变化或改道。所以，它们所经过的地方，就形成了一片一片的绿洲，绿洲上的万物生灵，其实都是依靠这大自然所恩赐的水流生息繁衍的。因此，山、河、水、土，对于龟兹，乃至对于整个西域的大部分地区都是那么重要。

山水赋予龟兹以生命，而绿洲则赋予龟兹以生气。这些绿洲一般而言，主要包括库车绿洲、赛里木绿洲、拜城绿洲、阿克苏绿洲、新和绿洲以及沙雅绿洲等等几个重要的绿洲。在四周茫茫戈壁包围中的绿洲，可以说是苍苍黄色中的些许绿点儿，而正是这些绿点儿，赐予了人类以生命，赋予了自然以生气，当炊烟映着高耸入云的皑皑雪山袅袅升起的时候，那就是一幅至为美好的画卷。

绿洲聚宝盆

千百年来，绿洲的一个基本的功能即其作为农牧业尤其是农业生产基地的功能并未丧失，而且愈发显得重要。史籍中对此记载很多，大多是描述龟兹农牧业的兴旺景象的：如《北史·西域列传》中曾记载："龟兹国……又出细毡，饶铜、铁、铅、麖皮、氍毹、铙沙、盐绿、雌黄、胡粉、安息香、良马、封牛等。"《大唐西域记》中也记载："屈支国……宜糜麦，有粳稻，出葡萄石榴，多梨奈桃杏，土产黄金铜铁铭锡。"由此可见当时龟兹农牧业的发展程度。自西汉张骞通使西域凿空西域之后，尤其是汉朝对西域设官管理

张骞出使西域

后，龟兹境内也开始驻扎屯田士卒，他们带来了中原地区先进的稻谷耕作技术以及凿井开渠的技术，保证了地表河流不甚稳定的绿洲能有一个稳定的水源，从而大大提高了龟兹地区抗旱、灌溉技术水平，对促进农牧业的长足进步具有十分重要的意义。而且，由于绿洲的畜牧业基本上是逐水草而居的，在西汉时期得到了汉族地区的先进技术后，龟兹地区的居民也开始稳定下来，从而形成了比较稳定的居住和生产习惯，这对于后世在该地形成一个固定的民族意义重大。

龟兹人很早就掌握了一项铸铁的技术，《汉书》、《梁书》中都有记载，大约早在中原地区的秦汉之时或者更早，龟兹就掌握了这项冶炼铁的技术。但是其生产的铁制品与中原地区相比到底到何种程度，今天已经不能准确地进行对比了。除此之外，龟兹的手工业也是值得一提的，其纺织、酿酒等行业长久以来就存在，并且日益发展，是西域各国中非常出名的一个产地，这些也是龟兹对外贸易中的重要内容。

龟兹地处西域，向来仰慕中原文明，因此，自秦汉以来，随着其汉化程度的日益提高，龟兹的文化也开始依托本民族的特有文化来兼收并蓄中原文化，尤其是汉族文化。本来，龟兹地方虽然在人种上主要包括蒙古利亚人种和欧罗巴人种这东西两大人种，但是其分布的民族却很多，有羌、

塞、月氏、乌孙、突厥、回纥以及匈奴，亦有汉族人居住。经过历史上的长时间的民族融合，逐渐形成了龟兹人。因此，“龟兹人”这一概念，实际上还是一个融合的结果，同样就是兼收并蓄的结果。而且，龟兹人在文化上也体现出了强烈的汉化倾向，依托本民族的文化，逐渐融合，渐呈特色。在《汉书》、《唐书》中都有大量关于龟兹人和西域各国与中原人婚配、到中原和其他各地学习技术等等的记载。但是，龟兹却并没有在广泛的兼收并蓄的学习中丧失本民族的特有文化，而这也正是龟兹文化独具魅力的地方。

墨书龟兹文陶片。龟兹古城出土

古国遐想

龟兹是如此令人神往，但是千年后的我们却只能保持我们那颗冲动的心，抚摩着静静的古城墙，看着矗立着的古烽

台，观赏着那绚烂的壁画，以此来倾听古代龟兹，倾听那些迷人的舞乐。然而，一切又都成空了，历史毕竟不是平静如画的，刀光剑影也照样在这个歌舞之乡上空挥舞，一切的一切，似乎都让我们无法去琢磨，唯剩那寂静的大漠在诉说着千年历史的悲欢离合……

第二编
坎坷千年梦中梦

虽说是风情万种，龟兹古国却终究不是世外桃源。尽管它在这片和平宁谧的绿洲上日出日落地安息劳作，但是在西域大漠的刀光剑影中，它还是没能跳出历史舞台上那勾心斗角、争夺杀伐的轮回。战旗猎猎，寒光阵阵，“四面边声连角起，千嶂里，长烟落日孤城闭”，龟兹古国，竟也不可避免地要在历史的漩涡中间努力求生，坎坷历程，千年梦幻，又能向何人诉说得清？

《紫光阁赐宴图》卷，清，姚文翰

一、兵戈引颈　列臣匈奴

汉代龟兹国

古龟兹国建立的确切时间，从今天的史籍中已经无从考出了，但是至迟在秦汉的时候，龟兹已经立国有年了。汉文史籍中比较早的记载，见诸《汉书·西域传》，这时的记载提到："龟兹国，王治延城，去长安七千四百八十里。户六千九百七十，口八万一千三百一十七，胜兵二万一千七十六人。大都尉丞、辅国侯、安国侯、击胡侯、却胡都尉、击车师都尉、左右将、左右都尉、左右骑君、左右力辅君各一人，东西南北部千长各二人，却胡君三人，译长四人。南与精绝、东南与且末、西南与扜弥、北与乌孙、西与姑墨接。能铸铁，有铅。东至都护治所乌垒城三百五十里。"这里面提到的"乌垒城"，当时"户百一十，口千二百，胜兵三百人。城都尉、译长各一人。与都护同治。其南三百三十里至渠犁"。由此相比之下，可见当时龟兹国的盛势，同时我们也知道了这个时候的龟兹国不仅已经建国，而且人口众多，生活富足，社会颇称安康。以此来推测的，其立国应当已经有些年头。可惜今天的汉文史籍对于西域诸国的记载都相对较晚，所以没有确切纪年可查，有学者认为龟兹国的建立应当在公元前 2 世纪左右。而当时的龟兹古国的都城"延城"，根据考古考察，确认其在今天库车县的皮朗古城。在皮朗古城的附近，曾经出土了许多古代陶器、石器、骨器等等，如果仅仅从文化象征意义上看，该地文化遗存是比较丰富的，

可以推知当时龟兹古国都城周围地区的经济发展程度是比较高的。

单耳陶杯。早期铁器时代，库车墩买力遗址出土

匈奴之扰

龟兹国在两汉时期，经历了比较大的起伏，最主要的问题就是龟兹和其他西域古国一样，受到了北方凶悍的匈奴族势力的威胁，经过残酷的战争最终臣服于匈奴。虽然龟兹已经是西域诸国中发展得比较迅速的一个国家，但是在抵御来自游牧民族的武力侵入时仍然显得力不能支。因为绿洲定居的居民是很少能够阻挡住飘忽而来的游牧族群的刀枪的，所以龟兹最终不得不降服于匈奴。匈奴控制龟兹的时间，前前后后其实有很长一段时间，其统治一向比较松散，但是对于龟兹以后整个发展方向影响甚大。

匈奴是位于中国古代北方的对中原政权威胁最大、时间最长的一支十分剽悍的草原游牧部落民族，古称“猃狁”。早在战国之时即为中原各国所患，到了秦朝的时候，匈奴更

加强大起来，且已经开始四处征战杀伐。公元前209年，匈奴人冒顿取得了匈奴族的领导权，呼为“单于”，冒顿单于攫取权力后，其所属军队30余万，四出征伐，向东南西北四个方向努力扩张，南并楼烦、白羊王，东灭东胡，西走月氏，北服屈射、丁零、鬲昆、薪犁各族，最终建立了一个匈奴草原大帝国，统一了大漠南北。同时，匈奴也沿袭其一贯的作风，屡次向中原王朝挑战。当时的中原已经由秦入汉，西汉初年，君臣曾经试图以新朝鼎立之信心出兵击败匈奴以根除北方的威胁，于是大动干戈与匈奴相较。但是因为西汉立朝伊始，根基尚未稳固，要想一举根除早已驰骋大漠南北数十年的匈奴的威胁，可谓是难上加难，以致有公元前200年汉高祖刘邦与匈奴大战时被冒顿单于围困于山西大同白登山之事。后来，西汉政府迫不得已实行“和亲”政策来怀柔匈奴。《汉书·匈奴列传》中说：“周、秦以来，匈奴暴桀，寇侵边境，汉兴，尤被其害。”由此可见当时匈奴势力的强盛与中原政权的无力。

虽然匈奴兵精强悍，勇于拼战，但是作为一支主要靠逐水草而居的草原部落，其在与中原王朝进行战争时，必须要有充足的后方供应才行。为此，匈奴做了充分的准备，而这

西汉时匈奴帝国势力图

其中最为重要的一点，就是开始经营西域，以为后方之兵马粮草的来源。因此，在与汉朝交兵之同时，匈奴也开始极力向西域地区扩张势力，其兵锋所至，几无不摧。不久，到公元前 177 年时，楼兰、乌孙、呼揭、车师、焉耆、疏勒等 20 余国相继被匈奴降服，龟兹也是其中之一。这标志着匈奴的势力已经深入到西域腹地，而其统治也是日形严厉。

在公元前的近两个世纪中，由于匈奴向西域的一再扩张，西域可以说是一直处于匈奴的威慑与统治之下，而作为塔里木盆地北缘要冲地带的龟兹国更是首当其冲。匈奴对西域的统治，是设置都尉进行管理的，该都尉“赋税诸国，取富给焉”，他们所取往匈奴的赋税，往往成为西域各国的沉重负担。但是，匈奴在西域地区驻扎重兵，大兵压境，在一个弱肉强食的时代里，西域龟兹等国唯有承受而无力加以反抗。匈奴占领西域，无疑强占了龟兹等国的无数财富，严重影响了西域地区的经济发展，诸国有如臣下，匈奴高高在上，赋敛征收有加无已。

为了应付匈奴的纠缠，汉朝政府自高祖刘邦败于白登山战役后，鉴于国力虚空，百废待兴，就开始对匈奴实行一种“和亲”的政策，以延缓匈奴南下。但是，这一政策并没有从根本上解除对汉朝的威胁。到了西汉武帝的时候，汉朝国库充裕，兵强马壮，国力空前鼎盛。因此，汉武帝刘彻决心彻底消灭匈奴这一边患。汉武帝元狩二、三年间（公元前 121 ~ 前 120 年），西汉骠骑将军霍去病率军出征，

汉武帝刘彻

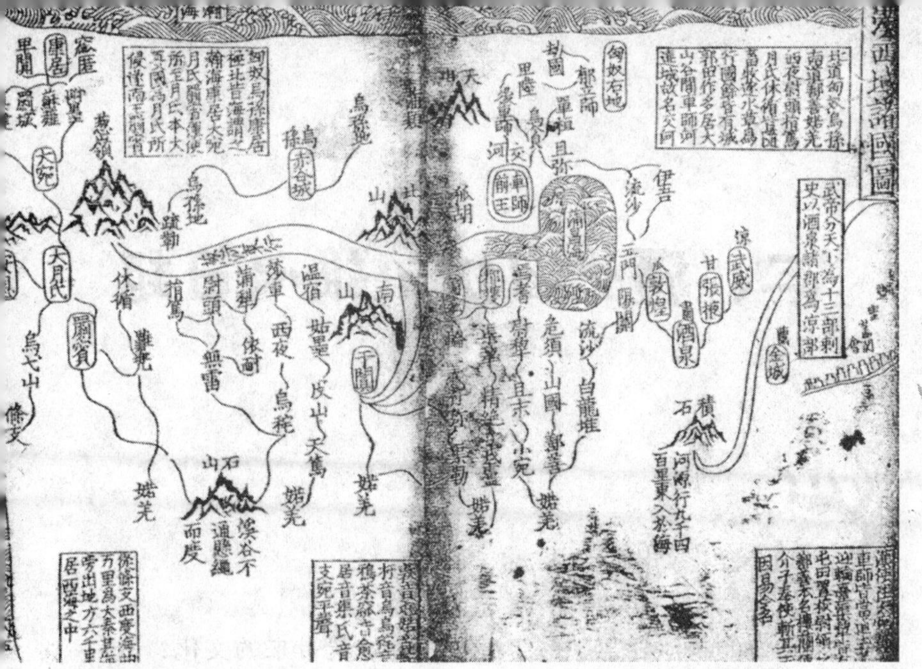

汉西域诸国图

在甘肃陇西一带大破匈奴，匈奴浑邪王投降，于是陇西地属西汉。汉政府为了保存实力以进一步打击匈奴，自公元前121～前111年间，先后在陇西地区设置了酒泉、武威、张掖、敦煌四郡，屯兵驻守，汉朝疆域再得扩展。为了能够对匈奴继续进行有效的打击，汉朝实施了通过经营西域地区来切断匈奴的后方，即“断匈奴右臂”的对整个战事比较有利的战略。所以在公元前101年，汉武帝命令李广利出兵西征。李广利率军向西突进，先后攻伐大宛，灭轮台，降渠犁，在取得对大宛战争的胜利之后，在西域设立使者校尉，开始率领田卒在轮台和渠犁等地屯田，汉朝政府势力正式进入了龟兹地区。从此，虽然匈奴势力没有被尽数剔除西域，但是其独霸该地的历史已经结束了。

如果从公元前177年匈奴控制龟兹等国起，一直到公元前101年西汉政府势力介入该地时为止，龟兹先后有长达76年之久隶属于匈奴统治之下。

二、疆土日扩　雄心日起

雄心膨胀

在匈奴的统治之下，由于汲取了匈奴所带来的文化，龟兹开始摆脱了以前那种比较单纯的状态，融合进了许多别的因子。在匈奴 70 多年的统治下，龟兹的上层统治者也耳濡目染了匈奴帝国弱肉强食的扩张性，逐渐产生了壮大龟兹势力的野心。同时，在匈奴的严厉压制下，龟兹的王公大臣们也都想壮大自己的实力，以抗衡来自匈奴的沉重压力。但是，要以龟兹一域来抗衡草原帝国，又不免有蚍蜉撼大树之感，于是，龟兹慢慢走向了壮大国力、对外扩张之路。

龟兹的疆域大体上是西起乌什，东到轮台，北入天山，南傍大漠，这一疆域的描述，其实应当是比较往后的了，因为龟兹在公元前 101 年前后，先后向外扩张了自己的疆界。根据《汉书·西域传》的记载，龟兹在南边是与精绝、东南

铁箭簇与铁镰。汉代，麻扎甫塘古墓出土

与且末、西南与扜弥、北与乌孙、西与姑墨等国相接壤，但是后来，根据《三国志》、《北史》和《魏书》等史籍的记载来看，龟兹的势力范围已经大大扩张了，姑墨国、尉头国和温宿国也都并于龟兹的范围之内，而扜弥看来更是早就归顺了龟兹。所谓“西域诸国，汉初开道有三十六国，后分为五十余，建武以来，更相吞并，今有二十。且末国、小宛国、精绝国、楼兰国，皆并属鄯善；……姑墨国、温宿国、尉头国，皆并属龟兹”，可见当时的龟兹，显然已经通过强力扩张在塔里木盆地一带树立了自己的威望，并且开始成为周边各国的一个中心国家，吞并其国土或者遥控了其政权，势力已经非当年可比，俨然成为龟兹地区的统治者。

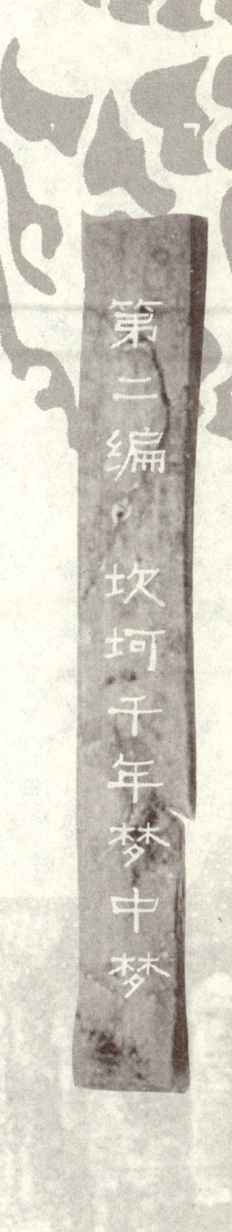

首吞扜弥

龟兹在对周边的扩张过程中首先选择的是自己的西南邻居扜弥，龟兹势力过界河，降服了扜弥王臣，龟兹的扩张旗开得胜，对其日后在东南西北四个方向的极力延伸起了重要的铺垫作用。扜弥，又称为俱密、拘弥、拘睒弥等，本来位于龟兹的西南，其地处于丝绸之路南道中段，包括克里雅河中下游和克孜勒克、孔布瓦特、夏力达能特里等地，和龟兹国仅仅有一河之隔。在龟兹逐渐强盛起来以后，就对扜弥国虎视眈眈，因为只要扜弥降服了龟兹，那么龟兹就可以同时控制丝绸之路经过塔里木盆地的南北两条道路，进而垄断丝绸之路这一段的利润。而且，只要龟兹征服了扜弥国，塔里木盆地及其周边国家就会在

西汉初年，铁制农具已推广到很多地区

不同程度上受龟兹制约，龟兹十分巧妙地利用了自己的要冲关隘的地理位置。今天，围绕龟兹到底是如何征服扜弥国这个问题，已经得不到任何文字的记载，但是从《汉书·西域传》中的一些记载，我们还是可以知道，至迟到公元前101年西汉李广利兵至龟兹的时候，扜弥国已经早归龟兹辖下了，因为扜弥国已经把自己的王子送到龟兹国来做人质，一般而言，古代出现这种做人质的情形的话，一国势必已经臣属于另一国，而行藩属一般的职责，受制于他国了，所以，龟兹对扜弥的占领应当是在公元前101年之前。

吞并轮台

因为当时匈奴势力正在受到汉朝的打击而日益淡出西域，龟兹认为应当东取轮台之地，以东西相长，互成照应之势。然而正在此时，汉朝经营西域以攻击匈奴的李广利部队已经在攻打下了大宛之后又到达了轮台，接着对轮台进行了短短几天的进攻，攻破其城，轮台就此灭国。而轮台之东的捷枝、渠犁等国也相继臣服于汉朝。这样，龟兹以东的地区，已经被汉朝军队先期占领，龟兹的东扩计划，不得不暂时搁置。汉朝军队认为势力已经深入龟兹地区，匈奴势力也基本被迫放弃了这一地区，“断匈奴右臂”的战略计划基本实现，所以并没有接着攻灭龟兹政权，李广利班师，留下士

西汉彩绘骑马俑，充分显示汉军的威武阵容

卒在轮台和渠犁等地开始屯田，设置使者校尉，主持当地屯田事宜，资助过往使者。

但是这一形势不久就得到了改变。汉武帝在位时通过几次对匈奴的大规模战争，已经基本上解除了其对于中原王朝的军事威胁，所以，汉武帝在进行了这些大战以后，不再频繁地派大兵西进了。轮台地处汉朝都城西安千里之外，在四面和平的气氛中，自然就日益降低了原先的军事作用。公元前 86 年，汉昭帝继承汉武帝成为一代新主，为了接着对付仍旧游移在北方的匈奴势力，采纳了大臣桑弘羊的建议，要经营轮台地方，结果便把当年李广利出征时从龟兹国要来的在龟兹做人质的扜弥国太子赖丹封为轮台地方屯田的校尉，率兵屯田该地。汉昭帝此举，本来很平常，但是对于龟兹来说就是很不寻常的事了，因为被封到轮台率兵屯田的扜弥国太子赖丹本来就是龟兹国要求扜弥送往其国的人质，这次赖丹受到了汉朝政府的任命来经营轮台，龟兹自然感到了形势不妙，认为他日赖丹一旦势力崛起，必攻伐龟兹以报扜弥国之恨。所以，在龟兹贵族姑翼的极力怂恿谋划之下，龟兹国王同意了东灭轮台的计划，不久即发兵东伐轮台，围而破之，杀了赖丹和屯田士卒，占领了轮台及其以东地方。

桑弘羊

三、浪漫爱情　归附中原
——绛宾王“抢婚”归汉

乌孙风雨

汉朝自高祖刘邦白登山战役之后，历经汉惠帝刘盈、高后吕雉、汉文帝刘启、汉景帝刘桓至汉武帝刘彻初期，西汉一直对匈奴采取了“和亲”和防御战略。这样，双边关系缓和，匈奴南下侵扰的次数大大减少，西汉赢得了宝贵的巩固政权和进行战略反击准备的时间，借机实行“休养生息”的政策，国力渐趋上升。实际上，经过汉武帝元狩二年及四年（公元前121及前119年）的两次决定性的战役，匈奴已经损兵折将，大败而西归，右地浑邪王率领4万余众附降于汉，单于及左贤王逃走，河西走廊得以平定。匈奴主力不得不退出河套及其以西一带，从此“漠南无

克孜尔尕哈烽燧

王庭”，汉朝控制了这一区域。与此同时，龟兹的邻国乌孙国与汉朝联合，其领土也向东扩张至今天新疆呼图壁河流域一带，在汉朝与乌孙联合为营，步步进逼的形势下，匈奴决定首先击败乌孙以解除后方的威胁，于是联合车师后国先向乌孙进攻。

汉昭帝元平元年（公元前 74 年）到汉宣帝本始二年（公元前 72 年）间，匈奴单于为了摆脱对汉作战的不利局面，矛头直指乌孙而来，先后攻陷了车延、恶师等地，掠夺完而去，威胁乌孙投降匈奴，与汉朝绝交。在匈奴大兵压境的情形下，乌孙昆弥翁归靡与解忧公主联名遣使赴长安上书汉宣帝，请求汉朝迅速出兵以救乌孙。汉宣帝紧急发兵 15 万骑，由 5 位将领率兵分道而出，并遣校尉常惠持节助乌孙作战。至汉宣帝本始三年（公元前 71 年），常惠与乌孙兵大败匈奴。同年冬季，匈奴单于又率数万骑兵进攻乌孙，不料天降大雪，生还者不及十分之一。自公元前 70 年～前 69 年，丁零、乌桓、乌孙等国又趁机三面进攻匈奴，匈奴死伤惨重，畜产损失二分之一，从此势力衰弱，其对各个属国的统治权也土崩瓦解。自汉武帝遣张骞出使西域联合乌孙“断匈奴右臂”至汉宣帝出兵，经过整整半个多世纪的经营，汉家对匈奴的战争终获成功。而乌孙在其中扮演了重要的角色。

作为这一历史的目睹者，龟兹深深感到了汉朝势力的强大，因此，龟兹对汉朝的政策，开始发生了微妙的变化。早在汉宣帝本始三年（公元前 71 年）的时候，汉宣帝为了犒赏乌孙联合击败匈奴之功，特派长罗侯常惠至乌孙，在返回长安的途中调集乌孙、莎车以及疏勒等国的兵卒，兴师龟兹，追问

新疆出土乌孙镶宝石金戒

汉昭帝时龟兹攻杀轮台屯田兵士之罪。此时的龟兹国王是绛宾王，慑于联军势力，捆缚了当时怂恿龟兹国王攻击轮台的龟兹贵族姑翼，常惠以汉名义斩杀了姑翼，以儆效尤，后率兵班师，龟兹才免于战事。

浪漫“抢亲”

龟兹绛宾王开始向汉朝靠拢，但是当时龟兹并没有和汉朝建立直接的联系，这样，绛宾王施展了一个颇为浪漫的“婚姻外交”。

乌孙的解忧公主，本来是汉朝楚王刘戊的孙女，被遣往乌孙成婚，是为乌孙和汉朝之联姻。龟兹绛宾王为了交结汉朝，先派遣使者至乌孙面请解忧公主将其女弟史嫁给绛宾王。正巧，弟史从长安学艺归返乌孙，途经龟兹，绛宾王便留住了弟史，同时再次派遣使者至乌孙向解忧公主表达求婚信心。解忧公主起先并没有同意绛宾王的请婚，怎奈绛宾王如此痴情如一，所以鉴于绛宾王的诚心以及对与汉朝交结的良好愿望，生性泼辣的解忧公主最后同意了绛宾王的请婚，将弟史嫁给了绛宾王。这样，绛宾王通过与乌孙解忧公主之女弟史成就了美好姻缘的浪漫的“抢婚外交”，构筑了与汉朝的外交联系。

绛宾王与弟史结婚后，打算入长安觐见汉朝皇帝，这样，解忧公主和绛宾王分别上书汉宣帝表达了已经联姻交好汉朝的愿望，汉宣帝同意了他们的请求，允准了绛宾王携其妻子一同觐见。汉宣帝元康元年（公元前65年），绛宾王携其夫人弟史一同前来长安，正式朝觐汉宣帝，受到了宣帝的

丝路商旅

汉代陶庄园

热情接待和丰厚馈赠，汉朝政府也同时册封弟史为汉朝公主。这样，绛宾王与弟史的婚姻，在政治关系层面上便具有了西汉政府与西域龟兹国相联姻的含义，这对于增进两国之间的经济、政治和文化等诸多方面的交流意义深远，并为之奠定了良好的基础。此外，绛宾王“抢婚”、朝觐汉朝天子的做法，在形式上完成了龟兹国以西域大国之一来归顺中原汉朝的过程，使汉朝在西域地方的统治更加稳定，汉朝的实际势力日益扩大，龟兹和中原汉王朝之间的关系自此揭开了新的一页。

龟兹绛宾王通过浪漫外交与汉朝取得了联系之后，原先在初期所呈现出来的向四周扩张的计划一时间得以缓置，绛宾王赴汉朝朝觐后，有感于汉朝的富庶和强大的国威，更亲眼目睹了汉朝完善的政治制度和礼仪制度，它们与龟兹以及原先的匈奴的政治运作方式产生了极大的反差，绛宾王意识到必须改革龟兹的制度，向汉朝学习，才能够富国强兵。所以，绛宾王和夫人从汉朝长安回到龟兹后，就以前所未有的气魄开展大刀阔斧的改革，努力学习模仿汉朝的制度，修宫室、筑道路、设置仪卫、撞钟鼓、备礼乐等等，从最大程度上实行汉化政策。虽然饱受他国非议，但是龟兹的国力却在原先的基础上以很快的速度更上一层楼。渐渐受中原的汉文

化濡染，此时龟兹国不再大讲武备，从而奠定了龟兹和汉朝政府长达百余年的睦邻友好格局。

拥戴汉邦

绛宾王以其浪漫开启了龟兹国和中原王朝之间的友好关系，同时也给后世留下了交好汉室的好传统，乃至绛宾王身后，这一传统得以维持。绛宾王逝世以后，他的儿子丞德继承了王位，是为丞德王。丞德王继承其父与汉朝结好的政策，经受住了四周的压力，把这段父辈开启的友好格局延续了下来，成为龟兹与中原王朝保持友好关系的又一重要环节。

匈奴政权在此时发生了比较大的变化，主要是内部势力发生了分化。公元前 54 年，郅支单于开始向西进攻，与呼韩邪单于作战，呼韩邪单于兵败南下，郅支单于进入“龙庭”，即匈奴的王庭。从此，风云一世的匈奴分裂为南北两个汗国，两汗国之间仍然相互交战，烽火并未熄灭。不久，呼韩邪单于兵单势薄，不能再支持对郅支单于的战争了。于是，呼韩邪单于做出了震惊史册的举动，公元前 51 年，呼韩邪单于率领南匈奴汗国的兵士、人民和牲畜，南下长安向汉朝投降，受到了皇帝的热情接见和宴请。而且，汉帝还把王昭君赏赐给了

昭君出塞（明，仇英绘）

呼韩邪单于，闭月羞花的王昭君为这段历史又增添了一笔千古浪漫的故事。从此，呼韩邪单于归附汉朝，并且迁居到河套地区，汉朝的实际疆域，此次得到了意外的扩展。

“单于天降”瓦当。内蒙古出土的“单于天降”瓦当，是匈奴归汉后接受汉朝皇帝册封与玺绶在建筑物上的反映。

呼韩邪单于得到了汉朝政府的优待和支持之后，又居住在水草丰美的河套地区，所以其元气渐趋恢复，逐渐强大了起来，其他因为当时的战争而分散的匈奴小支脉，此时不断地归到呼韩邪单于旗下。于是，呼韩邪单于决定北伐郅支单于，夺回“龙庭”。郅支单于闻讯后，鉴于势力已经不如呼韩邪单于，就打算西迁远走，放弃漠北。有道是“无巧不成书”，正当郅支单于打算远走的时候，龟兹地区的乌孙和康居两国，正处于矛盾之中，乌孙乃是汉朝扶植之国，势力比较强大，康居为此感到担忧，所以想出了援引匈奴郅支单于来康居以壮大势力，解除乌孙的威胁的计划。康居此举正中郅支单于下怀，于是郅支单于率众迁到了康居。

然而，康居却是引狼入室。郅支迁来之后，借兵给康居攻击乌孙，但是同时又鸠占鹊巢，不仅奴役康居人民，还派兵四处掠夺大宛等邻国，结果导致怨言四起，各国都向汉朝求援，请求汉朝出兵灭掉郅支势力。公元前 36 年，西域副校尉陈汤集合西域诸国的兵士连同汉朝在该地的屯田兵卒，共计 4 万余人，分南北两路向郅支单于夹攻，对于此次远征郅支单于，龟兹丞德王认为援助汉朝势力来消灭郅支势力，是保证龟兹国长治久安的一个重要因素。所以，丞德王最后派遣兵将随陈汤出讨郅支单于。

两兵交战，郅支单于大败，被斩首，余众尽降。龟兹丞

德王积极支持陈汤打败郅支单于的做法，是十分符合当时的政治经济形势的正确举动，也是符合西域各国人民企望和平安定的生活的愿望和要求的。龟兹的出兵支持，不仅是一种军事上的支持，更是一种对外政策的体现，从此龟兹和汉朝的关系更为紧密。

王莽失策

丞德王是忠诚的，这在以后王莽“新”朝时期表现得更为突出，而这些，又都是让龟兹备受艰辛的历史。公元 9 年，汉朝王莽重立“新”朝，开始改制，王莽本系一个书生，对汉朝立国以来沉淀下来的诸多弊端颇有认识，但是本人又不显山露水，结果得到皇室的信任，最终掌握了大权。这以后，王莽便开始了新朝改制，在政治、经济、社会等等层面全面展开，民族政策也是其中之一。但是，王莽所制定的一系列民族政策并不成功，甚至在许多方面可以说是错误的，结果引发了叛乱。原先臣服于汉朝的南匈奴，此时也因为汉家天下变，起而反叛，西域诸国更是人心惶惶，纷纷另谋出路。以车师后国叛汉降匈奴为前导，不久焉耆国又起而叛汉，结果西域东起哈密、西到焉耆的地区，重归匈奴麾下。王莽新朝对西域形势变化所采取的步骤尤其迟缓，直到公元 16 年，王莽遣西域都护李

王莽

崇率军出征西域，龟兹国丞德王极力支持，在周边叛乱的情况下，丞德王作此决断其难度可想而知，最后龟兹与莎车共同发兵，随汉军征讨焉耆。不料联军遭到伏击，大败，李崇等退守龟兹，自此，龟兹的情形也开始恶化。不久，李崇因远征劳苦，郁郁而终，谢世于龟兹国。

王莽新朝改制，最终引发了下层动乱，内政失调，外事也就无暇以顾，西域一时无汉家势力可依，犹如回到春秋战国的乱世一样，重新开始相互攻伐，相互吞并，弱肉强食的局面重现于历史，正如《汉书·西域传》中所说的一样："西域诸国，各有君长，兵众分弱，无所统一，虽属匈奴，不相亲附。"

四、投身匈奴　再归东汉

龟兹国灭

龟兹在这次西域乱世中，遭受了第一次灭国的打击。龟兹国王弘性格不同于丞德王，大志难取，值此大变乱世，也为求生存而最后转向，再次投入匈奴麾下，丞德王苦心经营的龟兹和汉朝的良好关系至此暂告一段落。当时，匈奴的势力也渐渐衰弱下去，几个原先的小国开始崛起，莎车国就是其中比较强大的一个。

羊首形铜画押。汉代，麻扎甫塘古墓出土

莎车先后攻灭鄯善和龟兹，同时兼并了原先归属了龟兹的温宿、姑墨等国，但是龟兹毕竟是个大国，为了遏止龟兹势力复起，贤把龟兹国一分为二，建立了所谓的“乌垒国”，同时封立他的儿子则罗为龟兹国王，封立徙驷为乌垒王，共同统治原属龟兹国的地域。其实，当时则罗尚且年幼，主要

的统治权力都掌握在贤的手中，贤对龟兹地区的臣民采取重税政策，苛捐杂税连绵不绝，统治非常严酷，这引起了龟兹人民的强烈反抗。不久，龟兹国开始起义，起义者杀死了则罗和徙驷，继龟兹起义而起来反抗莎车的，有于阗、拘弥等国，结果莎车王贤四面楚歌，实力骤然衰落下去。龟兹遣使至匈奴政权，请求重新立新王领导龟兹，匈奴便新立身毒和建为龟兹国王。在短短的 20 多年时间里，在匈奴的军事支持下，身毒和建率领龟兹兵东征西讨，确立了龟兹在丝绸之路上的霸权国地位。

东汉兴立

汉光武帝刘秀

东汉光武帝政权新立，着手整治内政，平定国内形势，采取了一系列类似西汉初年所采取的休养生息的政策，并进行了一系列的改革，取得了成功，王莽新朝以来的混乱局面渐趋平定，而东汉政府也基本完成了中原地区的重新统一，东都洛阳成为四方辐辏之地，繁荣兴盛起来，整个社会局面开始趋于平稳。这样，东汉政府便将目光移到了初年由于内政繁忙而没有机会治理的西域地区，主要的问题，仍然和西汉一样，是匈奴的威胁问题。

公元 73 年，东汉政府派出了得力干将率兵西进，北讨

汉代布纹筒瓦。龟兹故城出土

匈奴。汉朝军队兵分四路，其中窦固、耿忠统率 12000 余骑西出酒泉，经过敦煌而至天山东部，该路兵马遭遇匈奴呼衍王部，两军大战数天，呼衍王力战不支，率兵退走，窦固和耿忠紧追不舍，一直追到蒲类海，再战取得伊吾卢，于是在此设置宜禾都尉，率兵屯田驻扎守卫，以为汉朝的一个势力据点，东汉从此控制了伊吾卢一带地方。窦固乃是东汉大将，率兵出征，威名早已远播西域各国，窦固部兵临城下，许多地方纷纷请降。车师后部国王安得慑于东汉窦固军威，率所部开城降汉，很快，车师前部王也不战而请降，从而使车师一带尽归汉朝，赶走了北匈奴在这个地区的势力。而这一带属于西域的东疆地区，塔里木盆地的北缘地区，车师二部投降汉朝，使汉朝重新掌控了这一丝路北道地区，切断了匈奴与西域的联系纽带地区。窦固遣使联合了与车师相接的乌孙国，以便在塔里木盆地北部完成对匈奴及其属国的包围。但是，匈奴在南道地区还有很大的势力，附属于匈奴的龟兹和焉耆也位于南疆。窦固为了完成对两国的合围，派出了投笔从戎的班超为使节，前往塔里木盆地南部的国家中动员，陈明大势，以期造成合围局面。

班超的此次出使，乃是中国历史上的一段传奇佳话，奠定了以后汉朝班超经营西域的基础，永垂青史。公元 73 年，班超受窦固之命，亲自率郭恂等吏士共计 36 人，赴南道诸国。班超一行首先到达了鄯善国，发现鄯善国王起先对他们

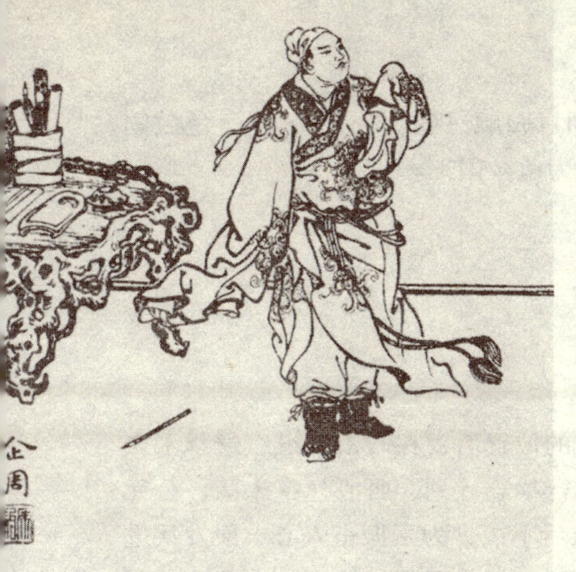

班超投笔从戎。此图出自清末民初马骀的《马骀画宝》

很热情，不久就变得冷淡了，经过调查，班超得知匈奴使者也到达了鄯善国，国王这才左右摇摆，举棋不定。为了驱逐匈奴势力，班超向自己的部下表达了其“不入虎穴，焉得虎子”的义无反顾的决心，得到了大家的拥护，这样，班超率领部下夜袭北匈奴使者，杀之，鄯善国王为之震服，立刻表示脱离匈奴，愿意归顺汉朝，并且送质子到洛阳。班超以过人的勇气和机智完成了鄯善之行，声威远振。这以后，班超一行继续出使于阗，在于阗，虽然没有遇到匈奴使者，却遇到一位巫师，宣传汉朝的到来将破坏这里的社会，搞得人心惶惶，严重阻碍了于阗国王的决断，班超当机立断，以极快的手腕斩杀了谣言惑众的巫师，稳定了人心，于阗国王也立等降服汉朝。公元 74 年春，班超一行又在疏勒国堂而皇之地废掉了不得民心的原先匈奴所立的龟兹人兜题，另立原先疏勒王的儿子忠为新的疏勒王。这样，经过班超在塔里木盆地南道诸国之间的

金怪兽通高 11.5 厘米，长 11 厘米。1957 年陕西神木县出土。该器制作讲究，造型奇特，当为匈奴首领的装饰物

斗争斡旋，诸国都一一同意归顺汉朝。公元 78 年，龟兹国王建被废黜，新立尤利多为龟兹国王。

班超智胜

尤利多坐上龟兹国王的位置后，在政治上继续继承了亲匈奴的政策，并且继续推行称霸计划，野心丝毫未减。公元 78 年，在他刚刚登上王位后不久，为了振奋人心，便发兵进攻班超，意欲打败班超。不久，由于班超势力的空虚，尤利多夺回了姑墨。尤利多贪利，进而想策反疏勒和莎车，从历史上看，尤利多的策反在一定程度上取得了成功，莎车、疏勒先后叛汉降匈奴，亲汉的于阗顿有孤立无援之势，而班超

西汉匈奴的牧羊图

和南道的联系也被切断。但是不久，班超即恢复稳定了疏勒国的情形，使之重新附汉。

尔后，班超出兵讨伐莎车。而莎车之战，却是一场班超智破龟兹王尤利多的名战。本来，莎车紧急向龟兹尤利多求救，尤利多便发兵 5 万余往救莎车。班超闻讯后，将自已的部队分开做撤退状，龟兹王尤利多喜不自禁，也分兵拦击班超，这就分散了兵力，班超乘机重新合兵迅速回师莎车，莎车本来以为龟兹大兵已到，班超已经弃城远走，因而防范松弛，只等龟兹大军攻破班超，莎车坐享其成而已。没料到班超突然回师，莎车措手不及，城破，国王齐黎被俘虏，莎车宣告归汉。而大军正行于半途中的尤利多已知中计，眼见莎车归汉，班超重新打通了丝路南道，只好班师回到龟兹。公元 91 年龟兹国降汉。同时降汉的，还有其附属国尉头、姑墨和温宿等。当时还有焉耆国仍在负隅顽抗，公元 94 年，班超率军一举将其征服，汉朝政府自此一统西域各国，天下复归于一。

五、历史的喧嚣

前秦吕光远征龟兹

龟兹的历史在变，中原地区的历史更在变。风风雨雨，难诉汉家兴亡，多少秦汉梦幻，难阻历史前行。东汉王朝不可阻挡地从历史上消失了，进而进入了一个三国两晋南北朝的分裂时代，中原地区列国相争，风云激荡，动荡形势较以前有加无已，中原地区的政权变更、各国此起彼伏的形势，又足足影响着边疆地区的政局。西域本来就一直存在着匈奴势力和汉朝势力的两重争端，更夹杂着无数的国与国之间的微妙矛盾，甚至世仇一样的敌意，当此中原地区无暇顾及西域边疆的时候，这里的形势更加云谲波诡，龟兹古国更是风云迭起，史不绝书。而东汉亡后，历经曹魏、西晋政权，虽然龟兹国在西域与焉耆等国交恶，甚至一度再次亡于焉耆国，但是始终未发生大的战争，最后重新复国而归顺于当时已经日益崛起的前凉政权。然而，历史舞台就像走马灯一样，中原政权换了一波又一波，而每次夺取中原的政权，都要对西域龟兹等国提出归顺要求，所以，东汉亡后的百余年间，中原与龟兹，

木雕龙头。南北朝时期，1978 年苏巴什佛塔墓葬出土

可谓是联系不断，也是战事不断。在这个时代，对龟兹而言，最大的一次战争，则是直到前秦政权时才出现的，前秦吕光征龟兹，可以说是三国两晋南北朝时期龟兹历史上的一个不小的插曲。

龟兹历经几个政权的归属以后，最终纳入北凉政权的麾下。然而，中国北方少数民族氐族所建立的前秦政权在日益崛起后于公元 376 年攻灭了前凉政权，前秦皇帝苻坚有统一天下之志，因此欲对西域地方加以悉心经营，不久就任命了大将梁熙以凉州刺史等一系列的头衔，管辖武威、张掖、酒泉和高昌、敦煌诸郡，并且屯兵于姑臧，以作为前秦统一西域地区的后方根据地。在苻坚的统一大志下，梁熙也力求名垂千古，努力打通中西交通之路，统一西域，以重新铸造东汉汉家一统天下的局面，所以，梁熙兵卒不发，广泛地派遣使节到西域诸国，晓以前秦崛起领有中原，梁熙大兵压境的利害关系，不久，西域 50 余国中，愿意归顺前秦的已经有 10 余国，像鄯善、大宛、康居、于阗等国纷纷来献，一时大有一统之象。但是臣服者终非全部，龟兹国并未显示出对梁熙大兵压境的畏惧之意。不仅如此，龟兹还和焉耆国形成联盟，以保平安，但是也没有对前秦表示出敌意。

前秦瓦当。这件瓦当的文字称颂前秦盛大，功业如同古之圣人

公元 383 年，吕光统兵 8 万余人，率军西征，征讨龟兹、焉耆二国联盟。吕光大军刚刚涉足西域，焉耆国王泥流眼见前秦大军军旗猎猎，辕门威严，就开始动摇，自知实力不敌吕光，反抗纯属徒劳，便开城降于吕光。焉耆慑于兵威而请降的做法，在龟兹国王帛纯看来，不仅仅是对龟兹、焉

者联盟的背叛，更是胆小怯懦的表现，他则打算积极备战，誓同吕光一决雌雄。帛纯采取坚守城池的战术，派重兵加强都城延城的城池各口的防备，一时延城处处兵戈，寒光四射，举国均有一种生死存亡系于一的感觉。此外，帛纯还将延城城外之人尽行迁居到城内，以期增强城池防卫，兼收坚壁清野之功。同时，为了防止孤城困守的不利局面的出现，帛纯火速倾龟兹国库向猃胡国请兵，以重金搬重兵，前来和吕光对战，试图形成内外夹击之势，一举击败吕光。猃胡国鉴于形势紧迫，果然派兵20多万南下解龟兹之围。

狩猎纹铜画押。北朝，羊塔先古城出土

吕光不慌不忙，相应采取了围城战术，在延城周围挖沟筑垒，四处设兵，日日巡守，刻刻观察，以彻底阻断延城的对外交际，寻求时机攻城。不久，龟兹国王帛纯北向所请的猃胡国援军赶来，吕光鉴于猃胡所来救兵的主力即骑兵的特点，采用连锁战术，连营为防，处处游击，猃胡骑兵无法发挥出骑兵的整体狂飙的冲撼力，反而四处受敌，最终被吕光的战术所挫败，伤痕累累，收拾残兵败将，北逃归国。本来，龟兹国王帛纯看到黄沙阵阵，那猃胡大军呼啸而来，想吕光已经腹背受敌，哪里能够经得起这20余万大军的内外夹攻？于是在城内坐等开城纳降，犒赏猃胡援军就是。怎奈吕光足智多谋，并非一般庸将可比，其连环围城、步步为营、游击猃胡的战术取得了巨大的成功。帛纯一时惊呆，不能言语，急急收拾了些金银细软等物，匆匆弃城而逃。帛纯部下开城投降。吕光攻下龟兹后，另立原国王帛纯的弟弟白震为新王，即位，归顺前秦，前秦自此统一西域绝大部分领地，乃是自东汉灭国以来统一西域最为广大的政权。

刀光剑影之后，龟兹归顺前秦，可是此后不久，苻坚发

兵过长江南下攻打东晋，意欲统一中国，然而在著名的“淝水之战”中，前秦苻坚军溃败北，前秦政权陷入混乱，苻坚郁郁而终，前秦的混乱，影响自然波及西域诸国，于是，西域再次陷入一片混沌之中。

北魏万度归远征龟兹

北魏是黄河以北的少数民族鲜卑族所建立的政权，鲜卑族人英勇善战，勤劳能吃苦，势力日渐壮大。公元 386 年，正当前秦苻坚与东晋大战的年头，鲜卑族建立“代”国，同年改国号为“魏”，是为北魏。北魏势力崛起很快，于公元 439 年攻灭北凉，统一了北方。在经略西域地区的时候，出现了北魏大将万度归西征的故事，而龟兹也在万度归的此次征伐中扮演了一个重要的角色。

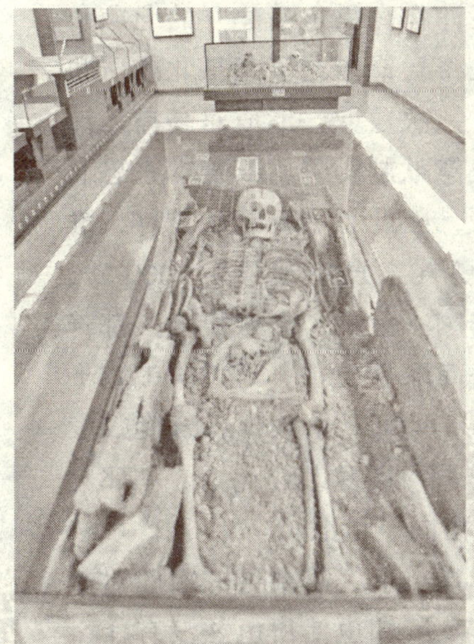

龟兹美女骨架。魏晋，苏巴什古城西寺佛塔下出土

北魏灭亡北凉政权以后，北凉的宗室权贵安周逃跑到吐谷浑，不久安周就发兵攻击鄯善国，鄯善国弱，无力抵挡，国遂亡于安周之手。而北凉的宗室无讳则一直逃跑到了西域地区，不久即攻打下了高昌，重新建立了北凉，控制住了塔里木盆地东北地区，并且以势控驭龟兹、焉耆诸国一起与北魏反目，阻碍丝路交通，对北魏的经略西域与沟通中西交通带来了极大的不便，因此，公元 435 年，北魏太武帝拓拔焘派遣万度归领兵西征，中原政权的军旗，再度猎猎西去。

北凉乐伎与百戏壁画

当时北魏的主要敌人就是无讳在高昌重新建立的北凉政权，为了孤立北凉，万度归首先将兵锋指向了高昌北凉所胁迫的鄯善、焉耆和龟兹等国家，依次攻取，形成对高昌无讳的北凉政权的包围。万度归首先意欲赴鄯善，鄯善本来恐北魏打来，高昌北凉政权再来讨伐，因此并不与北魏交好，准备交战。但是万度归以出人的勇气亲自率领精兵5000骑，飘忽而渡流沙，兵威耸振，鄯善国王大惊，出城投降，鄯善又归北魏，万度归留军鄯善，进而取兵焉耆。焉耆国王鸠十卑那出兵 4 万抵抗万度归，结果两军对垒数日，万度归发兵前进，短兵相接，经过一番厮杀，焉耆大败，鸠十卑那逃到了龟兹，而万度归的矛头，也指向了龟兹。

龟兹此时正处在一个新的选择点上，需要再一次面对中原大兵压境的情况，但是形势的发展却也使得龟兹没有什么可供选择的余地。高昌北凉眼看万度归兵入西域，一路所向披靡，心中不禁恐惧起来，火速同北方的柔然形成联盟，以合力对付万度归的军队。万度归审时度势，认为仍旧应该采取奇袭政策，于是万度归又率精兵1000飘忽而向龟兹，有如天降一般，龟兹也急忙派兵迎战，双方交战于野外，北魏挟席卷之势，奔袭而来的兵锋锐不可当，龟兹虽然是以逸待劳，但是斗志却比不上北魏部队，加上焉耆已克，万度归所部士兵斗志昂扬，作战骁勇，所以龟兹战兵很快就遭到挫

折，失利败退，万度归趁机率军进占了龟兹都城延城，龟兹国王弃械，臣服北魏，从此龟兹开始派遣使节赴北魏朝觐，两国的友好交流不绝于书，这对于保证龟兹国局面的稳定，使该地摆脱高昌的胁迫，直接中通北魏政权加强双方交往是颇有意义的。

北魏彩绘骑马吹角俑

六、唐军二度西征

“梦里依稀慈母泪，城头变幻大王旗”，对于东汉以后，唐朝以前这段时期中的龟兹而言，历史的景象的确是这样的变幻莫测。此间，在北方地区，又崛起了一个新的类似于匈奴的政权势力——突厥。

北魏政权衰落下去以后，北方的柔然意欲称雄西域。但是不久，突厥开始崛起，很快就以其特有的骁勇善战而控制了西域地区，后来随着突厥内部的分裂，东西突厥各领其地，西域归属西突厥所领，从此，西突厥严格控制了西域地区，龟兹、焉耆等国均受其节制。

公元647年，即唐太宗贞观二十一年，唐太宗命令大将阿史那社尔为大唐昆山道行军大总管，和契尔何力、郭孝恪、杨弘礼、李海岸5将军共同发铁勒13部及突厥骑10余万西征。唐朝大军出师，首先击伐西突厥的支部处蜜和处月

唐代形势图

◎唐太宗李世民

两部，大败之。然后，唐军转师西向，直指焉耆而来。兵出不意，焉耆国立即崩溃，国王出逃，被阿史那社尔所擒获。不久唐军进屯碛石，离龟兹仅有300里之遥，阿史那社尔在此开始布置攻打龟兹的战斗。阿史那社尔首先派遣伊州刺史韩威率以千骑为前锋，右骁卫将军曹继叔次之，以收互相援助之效。韩威的前锋到达多褐城的时候，龟兹国王诃黎布失毕也率众5万至此，两军狭路相逢，当即开战。韩威佯装失利退却，诃黎布失毕率兵急追，结果韩威与曹继叔合并一处，突然回伐诃黎布失毕，这招回马枪使诃黎布失毕大败，直接奔回退守都城。于是，阿史那社尔乘机举兵攻伐龟兹都城，诃黎布失毕匆忙出逃，龟兹被唐朝军队拿下。阿史那社尔留下郭孝恪守龟兹都城，自率精骑追蹑，急行600里，攻下了诃黎布失毕藏身的拨换城，诃黎布失毕本来欲恃险自固，但是在阿史那社尔长达40天的攻击后终于兵败被俘。此后虽然有龟兹原国相那利的重新围攻龟兹唐军，但是很快就被平息下去了，唐朝在龟兹设立都督府。

阿史那社尔攻占龟兹后，立原先国王之弟叶护为龟兹新王后班师回长安。唐朝大军一撤，龟兹内部便立刻产生了分化，权贵相争，于是公元650年，唐朝又将俘往长安的原龟兹国王诃黎布失毕遣送回龟兹以平息内争，但是后来情形并非如此，尤其是龟兹大将羯猎颠，投靠叛唐的阿史那贺鲁，仗势弄权，不听调遣，诃黎布失毕很快就被架空，内争频仍，不久诃黎布失毕便郁郁而终。公元657年，阿史那贺鲁

的叛乱势力被消灭，龟兹大将羯猎颠一时无从依靠，唐高宗所以命令大将杨胄率兵西讨龟兹羯猎颠，大败其军，使龟兹国的形势复归于稳定，唐朝又立国王诃黎布失毕的儿子素稽为龟兹新王，同时统领设在龟兹的唐朝安西都督府的都督。

唐朝骑兵

龟兹历经唐朝两次征伐，算是彻底臣服唐朝。大唐雄风日起，西域也日益安定，伴随着中国历史上最为强盛的伟大帝国时代的到来，中外经济文化交流也空前鼎盛，而龟兹等西域诸国，也在唐王朝的旗帜之下结束了先前的动荡局面，随着大唐帝国唐太宗时期“贞观之治”的出现，国力四射，四方辐辏，各国日趋走向安定，元气得以渐渐恢复，人民生活开始安定下来，社会重新呈现出了一片繁荣景象，刀光剑影的时代，似乎要过去了。

七、漩涡的中心

“高原屋脊”上的强者——吐蕃

唐朝初年，青藏高原上崛起了一个新的政权，即吐蕃。吐蕃乃藏族所建立，藏族祖先部落众多，也十分分散，形成了各个部落，这些部落散居青藏高原诸地，主要从事高原畜牧业与高原农业，也能够自己制造金、银、铜器。更为重要的是，吐蕃拥有十分精细打造铁器的冶炼锻制技术，因此吐蕃的军事武器一向十分精良。这些部落之间也是互相征战不已，但是大约到了隋末唐初的时候，比较有势力的组织都已经由部落联盟发展为奴隶制政权，其君王称为“赞普”。公元581年，吐蕃松赞干布即位为赞普，从此吐蕃对外政策开始走向了强力扩张的阶段。公元629年，即唐太宗贞观三年，松赞干布先后发兵降服了苏毗、东女、西女、羊同、党项等部落，统一了青藏高原，以逻些（即今天拉萨）为都城，建立了吐蕃国，松赞干布比

松赞干布像

较开明，他能够吸收来自中原地区的先进文化，创立文字，制定法律，创建官制，统一度量衡，一个高原帝国的雏形似乎已经显现出来。伴随着这些业绩的到来，吐蕃的对外政策开始明显趋向强力扩张。

文成公主像

“高原屋脊”上突然崛起这样一个政权，无疑吸引了唐朝和周边各少数民族政权的目光，起初大家都没有意识到吐蕃国的崛起会对他们产生什么样的影响，但是不久，各国就都从吐蕃大军自高原呼啸而下的凶悍中得到了答案。

松赞干布执政的时候，虽然相继征服了许多部落，但是由于松赞干布着力于发展吐蕃的实际力量，所以并没有大规模地对外扩张行动，他最为后人称道的地方，乃是遣使向唐朝求婚，唐太宗将文成公主嫁给了松赞干布，文成公主带去了汉族地区的许多书籍、技术和工匠，对进一步促进藏族地区的全面发展意义深远，而吐蕃国更是愈加强盛，松赞干布和文成公主的婚姻，书写了汉、藏两族人民美好友谊的一段浪漫佳话，至今仍脍炙人口。但是当松赞干布逝世以后，其子弃隶缩赞年幼，由大相禄东赞摄权，禄东赞野心勃勃，恃吐蕃日益强盛的国力，开始向外扩张。

公元 633 年，吐蕃兵下青海，首先攻占了吐谷浑，势力开始发展到吐谷浑地区，为进一步经营青海地区做了铺垫。不久，吐蕃又挥师东向，吞并了川西羌族地区，势力开始向蜀中觊觎。吐蕃的一系列攻伐，同唐朝在这个地区的政策相左，触犯了唐朝政府的利益，因此发生了激烈争执，进而由争执发展到兵戎相见。而龟兹国，则是争夺的主要对象。在公元 648 年唐朝大将阿史那社尔攻占龟兹后，曾经设置了龟

唐蕃会盟碑拓片（局部）。唐蕃会盟碑原立于西藏拉萨市的大昭寺前，高4.76米，宽0.95米。

兹、于阗、疏勒和碎叶这四镇屯兵固守，史称“安西四镇”，屯兵规模超过前代，而安西四镇统受设在龟兹的安西都护府节制。因此，龟兹无疑成为唐朝政府在西域发号施令的中心，也正因为如此，龟兹同时被卷入到这东西两个强大的政权之间的斗争中去，并且成了这一漩涡的中心。因此，吐蕃把矛头指向龟兹，只要攻占了龟兹，也就是击败了唐朝政府在西域的控制势力。

两虎相争

公元670年夏天，吐蕃发兵直指龟兹。吐蕃军素称凶悍，加之此次出兵又准备有年，故而一朝发兵西域，犹如猛虎下山，以一泻千里之势席卷而来，连陷西域18州，诸国为之震恐。趁唐朝军队还未部署还手之机，吐蕃又挟于阗一同出击龟兹，龟兹屯兵神志未定，为吐蕃军所冲垮，吐蕃不费吹灰之力就攻陷了龟兹换城，龟兹于是被吐蕃占领，而唐

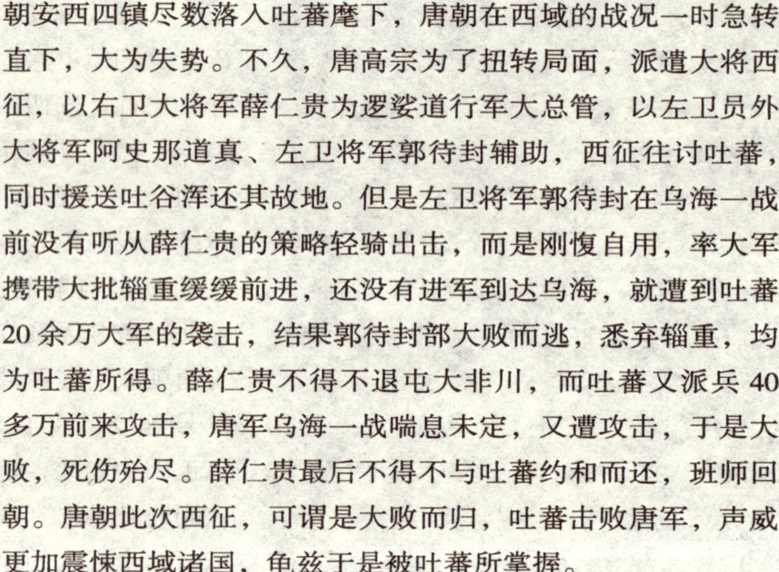

朝安西四镇尽数落入吐蕃麾下，唐朝在西域的战况一时急转直下，大为失势。不久，唐高宗为了扭转局面，派遣大将西征，以右卫大将军薛仁贵为逻娑道行军大总管，以左卫员外大将军阿史那道真、左卫将军郭待封辅助，西征往讨吐蕃，同时援送吐谷浑还其故地。但是左卫将军郭待封在乌海一战前没有听从薛仁贵的策略轻骑出击，而是刚愎自用，率大军携带大批辎重缓缓前进，还没有进军到达乌海，就遭到吐蕃20余万大军的袭击，结果郭待封部大败而逃，悉弃辎重，均为吐蕃所得。薛仁贵不得不退屯大非川，而吐蕃又派兵40多万前来攻击，唐军乌海一战喘息未定，又遭攻击，于是大败，死伤殆尽。薛仁贵最后不得不与吐蕃约和而还，班师回朝。唐朝此次西征，可谓是大败而归，吐蕃击败唐军，声威更加震悚西域诸国，龟兹于是被吐蕃所掌握。

唐朝在西域对吐蕃兵败以后，基本再未出动大军西征，到了武则天执政的时候，才开始力扭败局，意欲改变吐蕃挟制西域诸国的局面，重振大唐雄风。公元685年，武则天任命元庆为左玉钤卫将军，任命斛瑟罗为右玉钤卫将军，以便安抚各部势力，使其向化归唐，改变受吐蕃节制的局面。次年，武则天又命令斛瑟罗注意吐蕃动向，相机夺取龟兹和安西四镇。不久，斛瑟罗相机出兵，迅速攻占安西、于阗、疏勒、碎叶安西四镇，使四镇重归唐朝管辖。斛瑟罗的速胜，引起了吐蕃的震动，吐蕃也迅速派兵出征，不久即打败了斛瑟罗部，重陷安西四镇。唐朝此次出征，显然在西域地区并未得势。

但是不久，情形即发生了转变。公元692年，吐蕃发生了内乱，出现了亲唐、反唐两派势力，最后亲唐者归附唐朝，此时已经是武则天称帝两年以后，所以武后锐意解决西域地区拖沓冗烂之局，恰好乘吐蕃内乱之时派遣武威军总管王孝杰领兵西征，旨在收复安西四镇，重建帝业。公元692年，即武则天长寿元年，王孝杰率唐兵直指吐蕃军队，吐蕃兵力战不逮，败逃而去，于是龟兹、疏勒、于阗、碎叶安西四镇几经变换，又重归唐朝控制之中。王孝杰重新在龟兹设

置了安西都护府，屯大兵镇守，暂保龟兹为大唐天下。此战对吐蕃和唐朝都十分重要，吐蕃本来虽然能够在西域地区冲破唐朝军队的防线，但是却始终没有能够像唐朝那样治理得井井有条，吐蕃对于西域，在实际上只是武力控驭，而谈不上悉心经营，因此当吐蕃在军事上开始丧失优势以后，它在西域的统治，也就在某种程度上崩溃了。长寿元年的战争以后，吐蕃基本上已经丧失了西域，高原之虎，复归高原，龟兹终于重新归属中原，丝绸之路再度归入唐朝辖下。

八、千年龟兹　告别历史

“安史之乱”是唐朝由盛而衰的转折点，战乱虽平，但是唐朝藩镇割据的局面却日加严重，唐朝从此失去了往昔的鼎盛局面，唐朝势力已然衰落，使一向不安土守边的吐蕃国更加剧了对西域的控制野心，吐蕃对西域的侵扰日益频繁，龟兹的命运再一次受到威胁。

安禄山受宠

安史之乱，龟兹的白孝德应诏领兵东征助唐平定叛乱，国内空虚，整个西域地区几乎都是如此，仅仅留有唐朝将领郭昕在龟兹的安西都护府留防御，吐蕃乘机开始攻略西域诸地。吐蕃出兵北进，连陷兰州、廓州、鄯州、岷州等地方，控制了河西走廊

一带地方，塔里木盆地尽为吐蕃控制。而唐朝内乱，自顾不暇，无力派军西征，而且交通已经被吐蕃所阻挡，唐朝和西域都护的通信成为问题，因此西域地区孤守的唐朝都护将领日益势单无援。公元 788 年，吐蕃合众攻陷了唐朝设在庭州的北庭都护府，唐朝在西域地区开始失去一半重心。不久，安西都护府更加频频遭到吐蕃军队的攻击，大约几年以后，孤掌难鸣的郭昕力守不支了，安西都护府被占，龟兹国重新陷入吐蕃之手，而郭昕则下落不明，唐朝在西域的力量尽数丧失。

吐蕃趁唐朝内乱之机强占了龟兹国，开始了对龟兹大约 30 年的统治，不过吐蕃的统治和以前差不多，比较的松散，这样，龟兹仍然可以和外界交际，但是随着唐朝的盛世而衰，中原地区几乎没有人再对龟兹投去过多的目光了。而北方地区，却又兴起了一个有力的政权——回鹘。

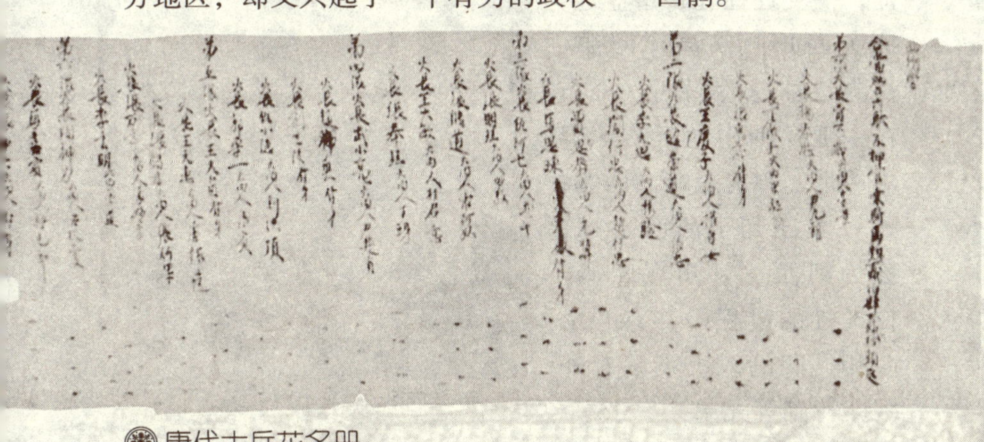

唐代士兵花名册

早在公元 744 年（唐玄宗天宝三年），回纥消灭了突厥汗国，建立了嗢鄂尔浑回纥汗国。到公元 788 年（唐德宗贞元四年），回纥改称回鹘。公元 821 年（唐穆宗元年），正当回鹘派出使团到长安去迎接太和公主返回的时候，吐蕃正好北上侵扰，回鹘于是上书唐朝，要求派兵征伐吐蕃，后来回鹘从吐蕃手中夺回了对北庭都护府和安西都护府的管辖，而龟兹国自然而然地落入了回鹘的掌控之中。这时，曾被回鹘灭掉的黠戛斯部开始崛起。不久，黠戛斯部反叛回鹘，互相

争夺领地，交兵几近20余年，黠戛斯部在多次战争中始终处于优势。公元839年（唐文宗开成四年）冬天，漠北下了一场罕见的大雪，居民牲畜冻死者甚众，回鹘国一时陷入混乱。黠戛斯领兵10万乘机大破回鹘城，回鹘城几被夷为平地，黠戛斯部接着占领了北庭和西庭的回鹘领地。回鹘家园丧失，四散奔走，向西分为三支迁徙，一支迁往吐鲁番盆地，称为西州（高昌）回鹘；一支迁往葱岭以西，分布在中亚从河中地至喀什噶尔一带，称为葱岭西回鹘；另一支迁到了河西走廊，称为河西（甘州）回鹘。在迁徙的过程中，有一个叫相　职的人，带领着外甥庞特勤等兄弟共率15个部落也向西迁去。吐蕃占领了回鹘的地盘，但是统治却并不稳定，不久即在广遭反抗和打击的情况下转入被动局面，最后又被迫放弃了回鹘地方，复归到吐蕃国领地。

唐“回鹘贵人像”

向历史告别

公元847年（唐宣宗大中元年），当年随着相驭职西迁

库车出土唐代石柱础

的叶护庞特勤在安西都护府的驻地龟兹国称可汗，数次派遣使节向唐朝遣使入贡以修好中原，各地陆续承认了庞特勤的可汗位置，最后庞特勤从龟兹迁往高昌，从此庞特勤的回鹘部也称为高昌回鹘，而龟兹作为高昌回鹘的辖属，开始走向了回鹘化。

公元 863 年(唐懿宗咸通四年)，对龟兹古国而言，是一个重要而又显得无比悲怆的年头，这一年，黠戛斯遣使节赴长安，向唐懿宗入贡上书，请求发兵攻伐庞特勤，但是唐懿宗没有同意黠戛斯的请求，而是默认了高昌回鹘对龟兹国的领有。从此，龟兹国在对唐朝政府的朝贡中，称呼不再沿袭龟兹国，而是

苏巴什古城佛寺遗址

称“龟兹回鹘”或称“狮子王”，也称“大回鹘龟兹国”。这意味着龟兹古国自公元前2世纪左右立国到公元863年，走完了近千年的路程，自此告别了历史舞台。

“大江东去浪淘尽，多少风流人物——”，抚今思古，感慨万千，一代龟兹古国，领西域风骚千年，一朝顺江东去，哪堪几度零落风雨，大漠边关的恢弘气象，并未因此而改变，但是，当回首千百年来的龟兹城头猎猎大旗与城外阵阵寒光之时，那恢弘的气象，竟也平添几分悲怆。

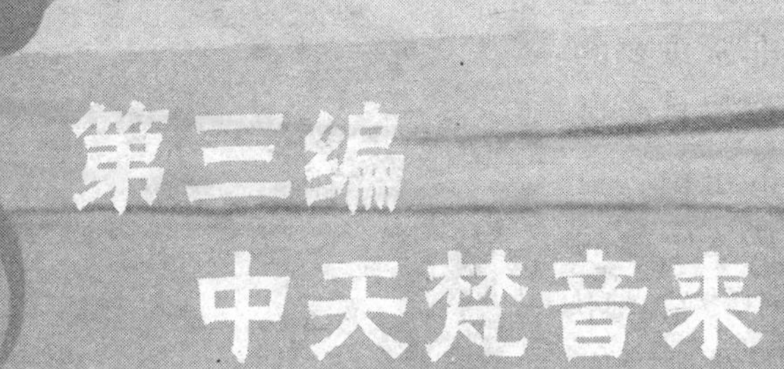

第三编 中天梵音来

——佛教高僧一瞥

一、“哀鸾孤桐上，清音彻九天”——龟兹高僧鸠摩罗什

“奇僧”出少年

纷“抢”高僧

惟舌不烂

二、大雪封山留“唐僧”——高僧玄奘在龟兹

真实的“唐僧”

大雪封山留唐僧

三、葡萄酒中出“胜法”——法惠醉酒得道

“胜法”得道

“酒肉穿肠过，佛祖心中留”

四、病愈出家的唐朝别将——悟空求法记

“孙悟空”的原型

法界东归

◉陕西户县草堂寺鸠摩罗什舍利塔

佛教原生于印度，两汉之际传入中国，在佛教向东方传播的过程中，扼丝绸之路的龟兹古国起到了非常重要的作用，它不仅仅是西域丝绸之路上的重镇，更充当了佛教传入中原的极其重要的中转站。印度佛教东渐，是中西文化交流史上的大事，当时佛教传入中原的主要渠道也是丝绸之路。而丝路在塔里木盆地的南北两道，南道以大国于阗为中心，北道以大国龟兹为中心，各自形成了佛教蓄势发展的主要地点，成为了佛教僧侣会聚讲经的场所。来往的僧侣纷纷会集于此，一时蔚为大观。龟兹古国的宗教，一开始是诸教并行的，计有祆教、摩尼教、佛教等等，但是随着世事的动荡离乱，号召诸生忍苦向善以为来生之资的佛教教义愈加深入人心，一般的大众慢慢都接受了佛教，佛教势力便从诸教派中日益崛起，最终成为了龟兹最为主要的宗教，后来发展成为龟兹国教。而佛教也因此更加大行于龟兹，《晋书》中已经提到龟兹国都城中“有佛塔千所”，可见当时佛教的兴盛。到了唐朝的时候，寺庙（伽蓝）更是四处可见，佛塔林立，颇有些“南朝四百八十寺，多少楼台烟雨中”的味道了。佛教在龟兹的兴盛，及其最终能够传播到东土中原地区，其中最为重要的一个环节，就是翻译成汉文的佛教经典以及能够身体力行宣传佛教教义的弘法僧侣。

一、"哀鸾孤桐上，清音彻九天"——龟兹高僧鸠摩罗什

龟兹古国人鸠摩罗什，是佛教经典翻译史上的著名的"四大译经家"之一，他的译经传经事业，开创了佛教经典翻译的许多先河，为后世留下了弥足珍贵的文化遗产，成为佛教入华史上的重要一笔。提佛教，就不能不提佛经，而提佛经，就不能不提鸠摩罗什。

克孜尔石窟前的鸠摩罗什塑像

佛教自两汉之际传入中国以来，佛教经典的译经事业就绵延不绝，大量的佛教经典被从印度梵文译成汉文、西藏文等等，但是佛经的翻译虽多，精品却并不多，而在翻译方面做得最好的，当属龟兹国人鸠摩罗什。"鸠摩罗什"本是印度梵语"Kumarajiva"的音译，意为"童寿"。鸠摩罗什在佛经翻译方面的天才成就，使他不久就具有了很

高的声望，结果各国纷纷请他前去主持译经工作，在北朝的时候，各国为了请到鸠摩罗什这一高僧，竟然不惜兵戎相见。后来后秦皇帝姚兴于公元401年迎请鸠摩罗什入长安后，尊为国师，让他主持译经大业，鸠摩罗什的译经事业，到此时才终于开始步上了安定之路，他的最为辉煌的佛教译经事业就是在后秦时期取得的，这对中国佛教史和文化史均产生了深远影响。鸠摩罗什既是一位受当时人和后世人备加推崇的佛教高僧，同时又是一位颇有传奇色彩的人物，有人说鸠摩罗什是“奇僧”，就很能体现出他的这一特点。

“奇僧”出少年

鸠摩罗什的先祖本来是天竺（印度）人，出身婆罗门族，婆罗门是印度四大种姓之首，因此他的祖先一直在印度世袭高位。鸠摩罗什的父亲鸠摩炎，放弃了对本族高位的世袭而出家为僧，弘法传义，他远涉险阻，越过葱岭而到达了龟兹国。龟兹国王亲自到郊外迎接他入城，并延请他为龟兹国师。后来龟兹王把他的妹妹硬“嫁”给了国师鸠摩炎，鸠摩炎生二子，其中之一便是鸠摩罗什。所以，鸠摩罗什也算得上是龟兹国的王室贵胄，然而他的一生，却对那富庶的龟兹古国中的荣华富贵并无感情，反而也和他的父亲一样，醉心于佛教事业。他7岁时随母亲一起出家，每日背诵经文，9岁时又随母亲前往罽

西域佛画有翼天人。新疆出土，印度新德里国家博物馆藏

宾（即今天克什米尔一带地方），师从当地著名的罽宾王堂弟盘头达多学习佛经，由于生性聪明，勤思能悟，所以鸠摩罗什很快就获得了盘头达多的喜爱，其佛教修养日益深厚。三年以后，他又和母亲一起回到了故国龟兹。后来鸠摩罗什又师从著名的佛陀耶舍学习《十律诵》，师从著名佛陀须利耶苏学习大乘经典，诵读《中》、《白》二论，这个时期他居住在龟兹王新寺，专心读经领悟教义。佛教教义本来分为小乘和大乘两派，在此之前，鸠摩罗什主要学习小乘佛教，这以后才接触到了大乘佛教，这就使他有能力参考、比较两派教义，最终他转向了弘传大乘佛教的教义。

千佛壁画残片。库木吐拉石窟出土

龟兹古国的佛教，本来是属小乘的，但是鸠摩罗什随母亲回到龟兹以后，开始讲习大乘教义，简单说来，大小乘的区别，主要在于大乘讲求自度度他，小乘讲求自度度己。鸠摩罗什以高僧之位大讲大乘佛法，宣传教义，结果龟兹僧侣纷纷从而习之，鸠摩罗什的门徒一时遍布龟兹周围，于阗的僧侣也不惜穿涉盆地戈壁前往龟兹听讲。不久，鸠摩罗什的母亲要到印度朝圣，临行时勉励他到东土中原弘传大乘佛教，鸠摩罗什也表示愿意到东土广传佛法，即使万般苦难也不灰心。鸠摩罗什在龟兹古国居住了大约 20 多年，主要是在讲习大乘经典教义，他讲法的时候，西域来的各国僧侣、王公、贵胄们，都长跪在地，洗耳恭听，对鸠摩罗什的崇仰之心无以复加，传说龟兹王还为鸠摩罗什造了金狮子座等等，可见当时鸠摩罗什在龟

兹乃至整个西域地区，声誉甚隆。

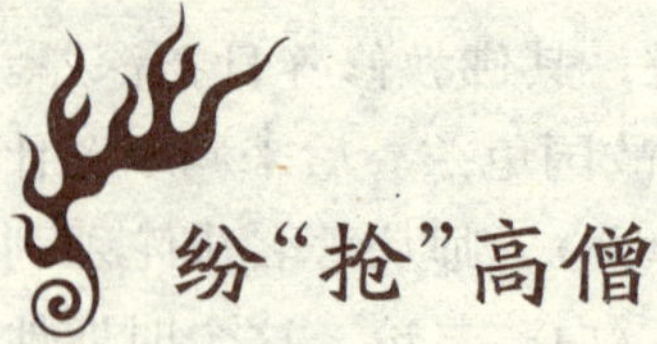

纷“抢”高僧

鸠摩罗什名播万里，为各国所尊敬和瞩目。当时无论西域还是中土，都有很多人开始信奉佛教了，所以中原政权也想把鸠摩罗什迎请去主持佛教事业。前秦皇帝苻坚派大将吕光西征龟兹的时候，就想迎请鸠摩罗什来长安讲法，当时吕光也的确在西征龟兹时“抢”到了高僧鸠摩罗什，但是在吕光回返长安途中，闻得前秦苻坚已经在同东晋的“淝水之战”中大败，因此吕光就在凉州自立后凉政权。鸠摩罗什在后凉一共待了15年，这15年间，他主要用来研习汉文汉语，几年后即精通了汉语。同时，鸠摩罗什还从中原僧侣那里探听到佛教在中原的流传情况和佛法的弘扬情形，他尤其关注经典的翻译工作，开始对中国过去的翻译情况和翻译方法、翻译过来的经典重新进行了研究，凡是能够搜罗到的汉文经籍，鸠摩罗什都十分仔细地进行了阅读，这些努力为他

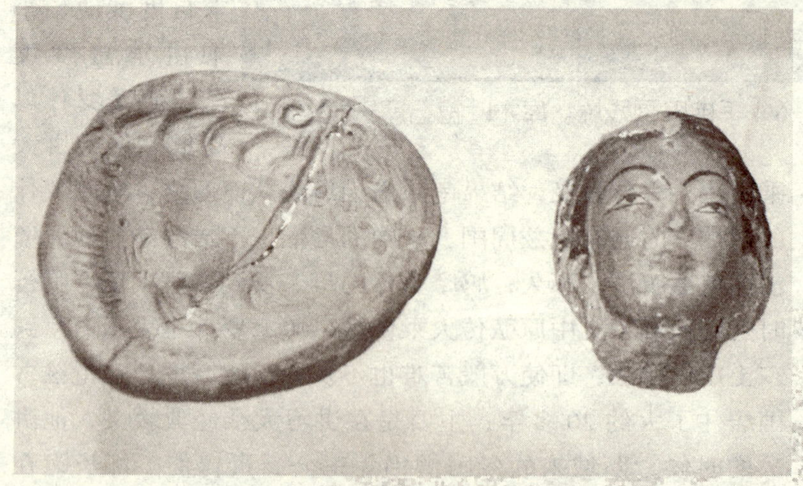

供养人陶范与彩绘供养人陶像。唐代，分别出土于克里希居住遗址及库木吐拉石窟

以后的佛经翻译工作奠定了重要的基础。鸠摩罗什居住在后凉的时候，在长安的后秦政权皇帝姚苌也因为仰慕鸠摩罗什的名望而专门派使者前往凉州迎请，但是吕光害怕他到长安以后泄漏了后凉的军情，于是仍然拘押着鸠摩罗什。不久，姚苌逝世，其子姚兴即位，姚兴子承父志，一定要把鸠摩罗什请到长安来，而吕光照样不予同意，但是吕光不久也逝世了，姚兴便发兵西进，兵锋直指后凉而来，后凉投降亡国。于是，姚兴在后秦弘始三年（公元 401 年）隆重地将鸠摩罗什恭迎进长安，鸠摩罗什以一佛教徒身份，竟然能让一个国家如此兴师动众，足可见其地位之高了。

姚兴和他的父亲一样，信仰佛教，醉心于佛法的弘扬广播，因此对于礼遇鸠摩罗什这位高僧可谓是不遗余力，他使鸠摩罗什为国师，尊养于长安西明阁道场之中，主持后秦全国翻译佛经的工作，姚兴还召集后秦国内贤德沙门 800 余人，师从鸠摩罗什学法，同时参与译经工作。从此，鸠摩罗什得以在一个稳定的环境中来心情舒畅地工作，他的译经时代的顶峰即将到来，这年，他刚好 58 岁。

中国的译经事业，早先出于将佛教本土化的考虑，采用了借助中国文化中的固有词语词义去译解佛经的附会法，这个方法由于没有严谨准绳，后来一发不可收拾，到了随意附会凿通的地步；又出现了将中国本土思想从内容上比附进入佛教教义中去的所谓“格义法”。格义法的使用，虽然在一定程度上做到了佛教本土化，但也使得佛教经典的原义大失。鸠摩罗什认为必须改变这种局面，由于他精通梵文、汉文，而且精晓般若，因此他的翻译工作做得十分严谨、严肃，务求每一字达其意，校对正误，细心舍取，边讲、边校、边译、边定，最终完全突破了流行一时的格义法的束缚，使佛经翻译工作走上了一条严谨的路子，垂范后世千年。

惟舌不烂

公元413年八月二十日，鸠摩罗什在长安大寺圆寂，时年70岁，据说他圆寂后整个肉身尽化，惟有舌头不烂，完好无损，应验了他圆寂前所说的如果译出的佛典不失佛义则舌头不烂的故事，这被后世传为一代佳话。而他一生的翻译佛经的成果，更为后世历代所褒扬。鸠摩罗什在后秦从后秦弘始四年至十五年一共生活了12年，共主持翻译了74部佛教经典，共计384卷，其中多数是大乘经典，如《维摩》、《十住》、《思益》、《法华》、《摩诃般若波罗蜜多经》、《金刚经》、《法华经》、《维摩诘经》、《中论》、《百论》、《十二门论》、《大智度论》等，其中流传最广而又广受推崇的经典有《金刚经》、《法华经》、《维摩诘经》、《梵网经》等等，至今仍旧为佛学界所推崇。

鸠摩罗什在晚年曾作一首偈曰：“心山育明德，流熏万由延，哀鸾孤桐上，清音彻九天。”写出了他的博大胸怀。鸠摩罗什，是真正垂范千古，流芳百世的旷古高僧。

開經偈
無上甚深微妙法　百千萬劫難遭遇
我今見聞得受持　願解如來真實義
妙法蓮華經觀世音菩薩普門品
姚秦三藏法師鳩摩羅什譯
爾時無盡意菩薩即從座起偏袒右肩合掌
向佛而作是言世尊觀世音菩薩以何因緣
名觀世音佛告無盡意菩薩善男子若有無
量百千萬億衆生受諸苦惱聞是觀世音菩

鸠摩罗什译《观世音菩萨普门品经》

二、大雪封山留“唐僧”——高僧玄奘在龟兹

真实的“唐僧”

明朝人吴承恩的小说《西游记》是我们中国民间大众最津津乐道的作品之一，可谓脍炙人口。但是《西游记》里赴西天取经的大唐和尚“唐僧”，却并不是作者凭空捏造出来的。唐朝唐太宗时期赴天竺国（即印度）万里求法的玄奘法师就是吴承恩笔下《西游记》里“唐僧”的原型。玄奘法师后来被尊为“三藏法师”，也就成了小说中的“唐三藏”了。而玄奘法师赴天竺国求法的过程中，还和龟兹国有过一段十分有趣的故事呢。

大唐西域记

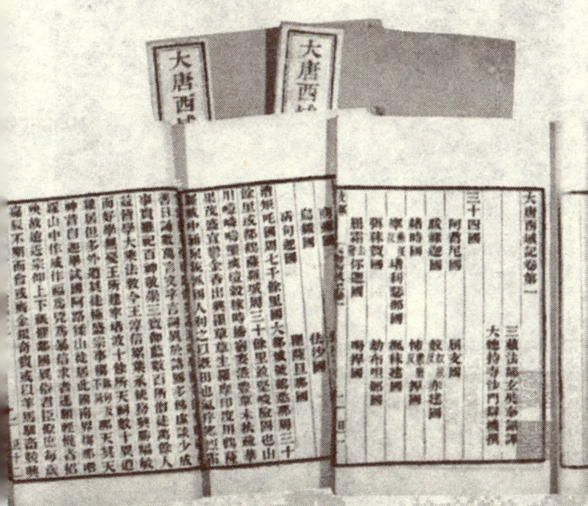

唐朝玄奘法师，本名姓陈名祎，河南洛州缑氏县（即今河南省偃师县南境）人。他的曾祖、祖父都做过官，但是到了他的父亲陈惠的时候，便潜心儒学而不入仕做官了。玄奘少时因为家境困难，便跟着他的二哥长捷法师一同居住在洛阳的净土寺中

学习佛经，他在 13 岁的时候在洛阳度僧，被破格选入。隋炀帝大业末年，兵乱四起，玄奘便和长捷法师一同从洛阳前往长安，进而又赴当时僧侣会聚之地四川成都。玄奘天生聪颖，勤奋好学，不久就声誉鹊起，为当时僧侣所推崇。唐太宗贞观元年（公元 627 年），玄奘再次回到长安，他弘扬佛法精深细密，闻者赞叹不绝，誉满京师。但是玄奘在讲法的过程中发现各地讲法各异，所本经典多有出入，因此，为了求得佛教的原本经典，玄奘决定到佛教的发源地天竺国去取经求法。起初他的出行因系私人出行，未获允准，但是不久后的贞观三年，因北方连遭灾荒，朝廷没有富足财税支养僧侣道人，便准许道俗四出就食，趁着这个机会，玄奘踏上了西去的道路。

玄奘西行

玄奘独身一人负笈西游，穿过河西走廊，经过玉门关，最后到达了伊吾，伊吾当时有个寺院，玄奘便在那里停留了下来，待机重新起程。高昌国王得知以后，便派使臣来迎请到高昌国，高昌国王十分景仰玄奘，希望他能留在高昌，但是玄奘没有答应，表达了自己西去取经的决心。高昌国王很受感动，便挑选了 4 个沙弥跟随前往，赐给他 30 套法服、数套面衣、手衣、靴袜等等，并赠以黄金百两，白银若干，绫绢 500 余匹，马 30 匹，并征调从人 25 人从事沿途

玄奘取经回到长安

护送照料之职。为了使玄奘的通途顺利，高昌国王还让玄奘赠给各国国王大绫1匹，通信1封，这使玄奘以后西行减少了很多阻力，解决了他的衣食问题，为他能最终到达天竺取法提供了重要的保障。

玄奘一行携带着高昌国王的馈赠，继续西行，出高昌，沿丝绸之路的北道向西而去。过丝绸之路的北道，必然要经过龟兹，所以玄奘一行蜿蜒而入龟兹国境。当时玄奘的声誉已经很高，所以龟兹国王得知东土大唐高僧驾到，连忙亲自出城郊迎，隆遇甚重。

大雪封山留唐僧

龟兹本来就是佛教传入中原地区的重要中转站，佛教兴盛，佛塔林立，僧侣会聚，其崇奉佛教之状况不下于中土。如今大唐高僧玄奘一行到达龟兹，当即就引起了很大轰动，龟兹犹如遇到节庆一般，举国相传，一时万人空巷，各地僧侣纷纷前来迎请玄奘到各个寺院去讲法弘道，玄奘下榻房间的门槛几乎被踩平。每当玄奘讲法之时，更是来闻者相望于

路，盛况空前。龟兹国王于崇奉佛教，深知佛教得到般若真旨不易，得到高僧弘法更不易，但是他也知道玄奘信心坚定，西去之志不可阻挡，所以，就想让玄奘在龟兹多留些时日，广泛讲法弘义之后再踏上征程，因此龟兹国王厚待玄奘一行，礼崇备至。玄奘本来打算在龟兹待上几天后就继续起程西去，但是念于龟兹国王盛情款待，更为弘扬中土佛法之故，便在龟兹讲法多日。恰恰在此期间，龟兹地区连降大雪，北风怒吼，雪拥城门，道路莫辨，商旅往来一时阻隔，玄奘一行这个时候要翻山涉水显然已不可能，于是只好继续留在龟兹。

虽然大雪阻挡了玄奘的去路，但是对于龟兹国王和无数上门求教佛法的龟兹僧侣而言，却是天公作美。玄奘利用这段时间，在龟兹广泛讲法，比较龟兹和西域的佛法与中土佛法的异同之处，其博学精思、侃侃而谈的高僧举止，倾倒了场下摩肩接踵的僧侣。由此，登门拜访、交流研习之人更是络绎不绝，玄奘的居所门庭若市，昼夜未曾冷清，龟兹国僧侣们向佛求真的真诚态度也深深地打动了玄奘法师，更加坚定了他西去天竺国求法的信心。由于龟兹古国乃是著名译经

五天竺图。五天竺图，可能是后人仿玄奘所绘的五天竺图的摹本。图中红线所绘为唐玄奘西行求法时经过的国家和地区。

大师鸠摩罗什的故乡，鸠摩罗什曾经在龟兹国讲法20余年，对龟兹佛教的发展影响甚大；因此，玄奘也正好借机整理一下鸠摩罗什的佛教精义与翻译方法。玄奘待在龟兹的这段时间，无论是对于龟兹而言，还是对于玄奘而言，都是至关重要的。龟兹通过高僧讲法，领略到了中原地区的佛法精髓，促进了两个地区的佛教交流；而玄奘也通过龟兹佛教更好地去追溯了佛教初由天竺传入到中国来时的状况，这无疑对他以后的译经事业和弘法传道产生了很大的影响。

玄奘一行在龟兹一共逗留了60余天，然后才出城西去，龟兹国王和僧侣依依不舍地夹道相送，一直看着玄奘消失在漫漫戈壁之中，晨光洒满龟兹地，佛光亦照龟兹红。大雪封山阻挡了玄奘的去路，却正好造成了佛教史上的又一段佳话。

三、葡萄酒中出“胜法”
——法惠醉酒得道

法惠，本名姓李，高昌国人，但是他的得道却是在龟兹，其得道经历真可以称得上是大有一番传奇色彩了。法惠年轻的时候，并不醉心宗教，而是整日游山玩水，爱好外出打猎，无事则聚众饮酒，喜欢歌舞，过着一种富家子弟一般的生活。后来法惠娶了一个漂亮的妻子，怎奈其妻子却并不贤德，生性好淫，结果招来一群终日游手好闲的纨绔子弟，法惠深深自责，懊悔不能自已，于是渐生出家之心。不久，法惠就离开高昌，徒步到了宗教兴盛的龟兹，谋取能在龟兹出家为僧，以忘却尘俗往事。

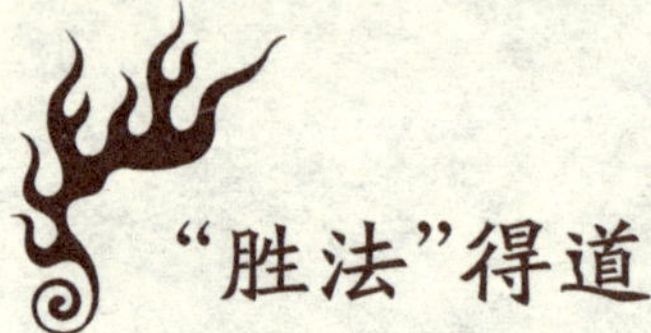

“胜法”得道

佛教石刻。苏巴什佛寺遗址出土

法惠秉性聪慧，又得人间风霜的考验，所以一朝踏入佛门净土，常常有为人所不及的领悟。法惠入寺院的时候，龟兹正好在流行禅法，法惠也耳濡目染，于禅法修行方面渐有所悟，就宣讲自己的心得体会，名望渐高。西域各国往来的僧侣，将法惠

菩萨陶像。库车出土

在龟兹修行并小有所成的消息带到了法惠的故国高昌，高昌国王就派人到龟兹，把法惠重新迎接回高昌，聘为比丘尼依止师，居住于高昌仙窟寺，此后法惠的声誉开始高起来，但是他知道自己的修行尚且不够深厚，仍旧在苦苦追求如何能够进一步习得佛理的精髓，为此他很苦恼，终日陷入个人的读经和静思之中。

不久，法惠就结识了高昌的女尼冯氏，后来从冯氏那里传来的一个消息最终改变了法惠的一生。冯氏也是高昌人，30岁的时候出家，住在高昌的都郎中寺，青灯木鱼，菜蔬斋戒，苦苦修行，为当时的人所敬重。冯氏每三天就诵读一遍大般涅槃经，日夜修行，希望能够得到佛家真谛。那个时候法惠在高昌已经是很出名的法师了，被誉为是“精进迈群”，很得高昌人的爱戴。一天，冯氏忽然告诉法惠说龟兹国金华寺和尚直月那里有“胜法”，法惠不禁怦然心动，于是起身赶往龟兹国。

“酒肉穿肠过，佛祖心中留”

法惠到了龟兹国金华寺，拜见了直月和尚，说明了来

意，直月没有说什么“胜法”的内容，但是却显出一副很高兴的样子。法惠还没有来得及再追问，直月和尚就已经领着他进了自己的僧房中，然后拿出了一斗多的葡萄酒让法惠尽数喝光，然后才肯传授他“胜法”。法惠见状大为惊愕，心想我是来寻觅“胜法”的，他竟然让我喝酒，出家人既已斋戒，岂能自破戒律？于是表示不能从命。直月和尚大不悦，就直接用手推着法惠要把他撵走，这下子法惠又怕被推出房门之后再也不能得到直月的“胜法”了，于是又拦住直月，开始喝葡萄酒。但是喝完酒还没有等待问直月“胜法”之事，法惠就觉得头晕脑晃，站立不稳，醉了过去。几个时辰以后，法惠才醒来，这个时候他懊悔起来，觉得不该听直月和尚的话饮了那斗葡萄酒，身为高僧，竟然喝酒破戒，实在不能想象，于是后悔不迭，连连捶胸，几有欲死之意。正在这生死一念间，法惠捶胸顿悔的手忽然停了下来，他忽然悟到了小乘佛教的第三果，深为惊叹，于是坐下开始细细思量，慢慢进入了以前所没有进入的境界，对佛法精义的理解深入里髓。这时直月从外边进来，对他说：“已经得到‘胜

彩绘泥塑菩萨陶像。库木吐拉石窟出土

法’了吗?”法惠回答：“已经得到了。”

法惠以一斗葡萄酒得“胜法”，成为龟兹佛教发展史上的一个颇有传奇色彩的故事，后世的禅宗修行，也多有采用法惠这种方式的。法惠得道的小故事，似乎能让我们从龟兹鼎盛的佛教寺庙和香堂之中，在四周环绕着的经咒之中，也多多少少地看到些世俗的人情味儿。

四、病愈出家的唐朝别将
——悟空来法记

“孙悟空”的原型

吴承恩的《西游记》中，最受人欢迎的角色，莫过于唐僧的大徒弟孙悟空了，孙悟空上可入天，下可入地，神通广大，无有不能者，因此在中国民间，孙悟空一直都是一个备受欢迎的人物形象。但是，这个小说中的孙悟空的历史原型，则是唐朝的一个出家了的别将，姓车名奉朝。

悟空，俗姓车，字奉朝，乡号青龙，里名向义，唐朝京兆云阳（今陕西泾阳）人。他本是后魏拓拔的后裔，“天性聪敏，志尚典文，孝悌居家，忠贞奉国”。唐玄宗时，车奉朝被封为左卫泾州四门府别将，当时，唐朝鼎盛，“八表称臣，四夷钦化”，因此罽宾国派遣了大首领萨波达干与本国三藏舍利越魔，来到长安拜见唐玄宗，表示归附之意。按照

文学中的孙悟空

定例，唐朝要遣使护送萨波达干等人回国，因此，天宝九年（公元750年），唐玄宗命内侍省内寺伯张韬光为使节，带着唐朝的信物西去护送来使，同时率领官吏40余人前去。这40余人中，便有车奉朝，时为左卫泾州四门府别将。

婆罗门像。唐代，1986年穷先古城出土

张韬光一行自长安出发，取道安西路，经过疏勒国。越过葱岭，最后到达了干陀罗国，这是罽宾国的东都。罽宾国王者冬天就居住在干陀罗，夏天居住在罽宾，见大唐来使，便倾力盛礼款待。张韬光把唐朝的信物献给罽宾国王后，完成了使命，便想返回唐朝。正在这个时候，车奉朝忽然在罽宾生病，病重以至于不能骑马行走，于是张韬光就把车奉朝留在了罽宾，托罽宾国王为之照料，于是车奉朝就被迫留在了罽宾国干陀罗。当时，车奉朝发誓说如果自己的重病能够痊愈，他就出家为僧，读经向佛。没想到不久之后，他的病果然奇迹般地痊愈了，于是车奉朝也履行誓言，遂投舍利越魔三藏，落发披缁，直接在罽宾出家为僧，当时三藏法师赐他法号“达摩驮都”，汉语即“法界”，当年车奉朝27岁。“悟空”是后来车奉朝回到长安以后改易的法号，所以，他在很长一段时间内并不称“悟空”，而是称“法界”。

车奉朝在罽宾国出家，号“法界”，随即在当地修行，一面认真学习印度梵语，一面研习佛教经典，同时四处游

历，广见高僧，因此他的佛教修养也与日俱增，渐有声望。这以后，法界想回到东土大唐弘扬佛法，因此，他的师傅舍利越魔三藏同意了他东归中国，临行时赠给了法界梵文本的《十地》、《回向轮》、《十力》三经，以及佛牙和佛舍利。法界拜别罽宾恩师，踏上了东归之路。

法界东归

法界自罽宾出发，取道吐火罗、骨咄陆国到达了疏勒国，又从疏勒出发，经过于阗而至龟兹古国。龟兹国王白环亲自迎接法界到来，并且将他安置在龟兹都城西门外的莲花寺，这是龟兹最好的寺院之一，法界在这里一面弘法，一面学习龟兹佛法。法界在龟兹居住的时候，最为重要的一件事就是结识了当时龟兹国著名的精通梵文和汉文的高僧勿提提羼鱼。

“勿提提羼鱼”是梵语的音译，汉语意思为“莲华精进”，比喻佛法日进，修行日深。勿提提羼鱼并没有留给后人很多关于他本人的资料，所以现在我们关于他的东西知道的很少，仅仅能根据后来悟空在长安写成的《悟空入竺记》来稍微了解一下这位高僧的一点儿情形。根据悟空后来的记载，他所遇见的龟兹高僧勿提提羼鱼，精通安西四镇地区的“胡”语，同时精通梵文梵语和汉文汉语，能够翻译佛教经典。有鉴于勿提提羼鱼精通梵、汉诸文字语言，法界就邀请他翻译东归临行时他的罽宾国师父舍利越魔三藏

石膏莲花座。唐代，克理希居住遗址出土

给他的《十力经》，勿提提羼鱼答应了法界的请求，为他精心翻译了这部梵文本子的《十力经》，用东纸三幅，成一卷。龟兹高僧勿提提羼鱼为法界翻译的这部《十力经》，因为是直接从梵文本翻译过来的，而且又经过了法界的修订，所以应当说是十分优秀的经典之作，这部经典后来由法界带回到长安，广泛宣讲，后来称为《佛说十力经》，此经后来成为了佛学界的千古名典。

法界在龟兹待了较长的时间，主要是拜访勿提提羼鱼等高僧，和这些高僧一起研习佛道精义。龟兹之行，无论是对法界本人，还是对以后的中原地区的佛教发展事业，都是极其重要的，尤其是法界携带翻译的佛教经典入中原后，引起了不小的轰动，中土的佛教事业，也因此而再次走上一个台阶。

后来法界从龟兹出发东返，又经过了焉耆、北庭等地回到了长安，这样，他前后历时 39 年，途经了 58 个国家，译完了他从印度师父那里带回的梵文本的《十力经》、《十地经》和《回向轮经》三经。回到长安后，法界定居于章教寺，改法号为“悟空”，唐朝封他一个正四品下的“壮武将军”官职，以表扬其功勋。这以后，悟空就在长安讲法，一直到圆寂。悟空法师是唐朝有史记载的最后一位到西天求取佛法的僧侣，终结了自唐玄奘法师赴天竺国求法以来的高僧赴天竺游历取法的辉煌历史。

丝路上的大食旅客

龟兹古国是印度佛教传入中国的第一站，上百年间

众僧云集，高僧辈出，从鸠摩罗什到玄奘到悟空，都与龟兹古国结下了不解之缘，他们在龟兹古国精研佛家教义，多有创获，其翻译的佛教经典，更多属不刊之论，对佛教事业在中国的兴起以及佛教的本土化都发挥了重要作用，对后世佛教事业影响深远。龟兹历史上的高僧或者与龟兹密切相关的高僧，可谓是数不胜数，诸如帛延、尸梨密、帛法祖、佛陀耶舍、盘头达多、卑摩罗叉、昙无谶、昙摩密多、释知猛、释法勇、佛图澄、达摩笈多、达摩跋陀、慧超、木叉鞠多等等。龟兹在众多僧侣往来、宗教融合之中，也经历了一个坎坷的发展过程，最初占主要地位的是小乘教，鸠摩罗什时期大小乘佛教并兴而鸠摩罗什所推崇的大乘佛教渐占主导地位。南北朝时代，在大小乘佛教中间又有一股禅风兴起，并有密宗宗教传入。到隋唐时期，佛教仍旧是大小乘并举而行，并且有净土宗等等流派的流布。总体而言，龟兹古国虽然说是教派流布，但是始终是佛教的天下，为整个中国的佛教流传事业作出了重大贡献。

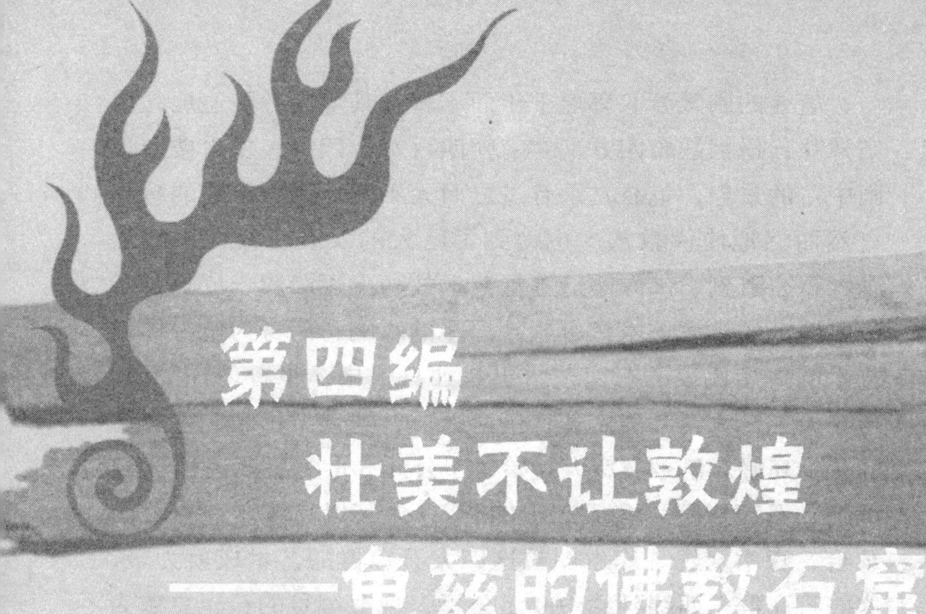

第四编 壮美不让敦煌——龟兹的佛教石窟艺术

一、第二敦煌——克孜尔千佛洞

佛教艺术的宝库

精巧的石窟建筑

灿烂的石窟艺术

二、鬼斧神工——龟兹的石窟建筑

支提窟

大像窟

讲经窟

三、亦真亦幻——绚丽的石窟壁画

栩栩如生的佛教故事画

惟妙惟肖的佛教人物画

绘画手法的日益娴熟

龟兹的佛教事业辉煌千年而不辍，其境内寺院遍地，佛塔林立，僧侣散布四方，“南朝四百八十四寺，多少楼台烟雨中”的景象，龟兹真是有过之而无不及。佛教事业的辉煌自然而然地使佛教艺术也得到了巨大的发展，其在佛教绘画、石窟雕刻、佛像塑造等等艺术技巧上逐渐臻于成熟，对中原地区的佛教艺术具有非常深厚的影响；而身为龟兹佛教艺术的典型代表的石窟艺术更是独具一格，小者玲珑秀丽，巧夺天工，大者壮美恢弘，落落天成，塑造了佛教艺术史上的一个高峰。龟兹石窟大约始建于公元 3 世纪后期，止于 11 世纪，石窟成群，多成“千佛洞”，尤其以克孜尔、克孜尔尕哈、森木塞姆、库木图拉这四大石窟群的艺术成就为最，这些石窟群东西绵延约 100 多公里，现存编号的石窟总数为 445 个，壁画总面积大约 2 万多平方米，成为一笔绝世珍贵的文化遗产。直到今天，我们仍旧可以到库车县去感受到那龟兹古国的佛教石窟艺术所散发出来的空前绝后的感染力与震撼力。

苏巴什佛寺遗址

一、第二敦煌
——克孜尔千佛洞

佛教艺术的宝库

位于今天新疆维吾尔自治区拜城县的克孜尔石窟，是龟兹佛教艺术造诣的典型代表，是蜚声中外的著名古代艺术宝库之一，被誉为“第二敦煌”，它以其佛教初传中国和极具西域龟兹古风的特殊风格闻名于世，而且又以其洞窟之多和壁画之美与敦煌、云岗、龙门石窟并称为“中国四大石窟”，现在是国家一类文物保护单位。

克孜尔石窟是中国开凿最早的石窟群，它位于今天新疆维吾尔自治区拜城县克孜尔镇东南约7公里的渭干河河谷的

克孜尔千佛洞后面的山脉

北岸，是在一个高度约 40 米的峭壁上开凿出来的大型石窟群。它北靠名屋达格山，南望雀尔达格山，其间就是蜿蜒流过的渭干河。克孜尔石窟主要分布在谷西、谷内、谷东和后山这四个区域内，迄今为止已经正式编号的洞窟一共有 236 个，其中在 1953 年编号的洞窟 235 个，1973 年新发现并加以编号的洞窟 1 个，这些洞窟开凿年代不一，最早的开凿于公元 3 世纪后期，最晚的建于公元 8 世纪左右，因为日月沧桑，石窟没有留下相关的文字记载，所以我们现在关于石窟开凿的年代，主要是依靠考古学方法测量出来的一个时间段。

克孜尔千佛洞既是龟兹古国人民勤劳智慧的结晶，更是龟兹石窟艺术的发祥地之一，它们所体现出来的石窟建筑艺术、雕塑艺术以及壁画艺术，在整个中亚和中东佛教艺术中都占有极其重要的位置，对这一地区佛教艺术的影响至为深远。而且，它们所体现出来的内容，成为今天我们去探求龟兹古国社会风貌的绝好的珍贵资料，被誉为是丝绸之路历史的“百科全书”。

克孜尔石窟之所以建筑在这个地方，是与这里的自然环境息息相关的。克孜尔千佛洞，都排列在明屋达格山的岩壁上，这些岩壁主要是沙石水积层。明屋达格山的山间，有苏格特沟和子里克沟，两条大沟都有流水经过，但是苏格特沟的

克孜尔尕哈石窟国王骑马图。现保存在德国

克孜尔千佛洞前的小溪

水流量比较大，因此这条沟的两旁，草木繁盛，为行人提供了绝好的避暑场所。因为有水源的原因，在克孜尔石窟的前面，形成了一大片绿洲，土壤肥沃，能够栽种粮食和瓜果树木，自然环境堪称优美。这样，就使大批的僧侣在这里修行和生活成为可能。同样，佛教艺术也围绕它周围展开，明屋达格山的山壁，成为绝好的佛教美工场所。于是，闻名遐迩的克孜尔千佛洞就诞生在这个近乎世外桃源的地方。

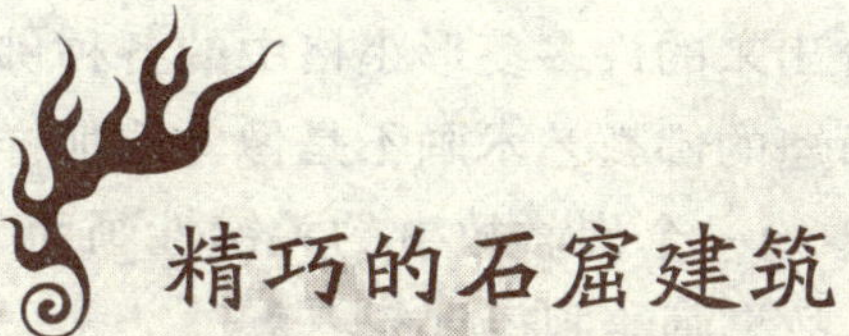

精巧的石窟建筑

克孜尔石窟的洞窟可分为供养佛像、礼佛拜佛用的支提窟，僧侣静修或讲学用的精舍毗河罗窟，僧侣日常生活起居用的寮房，埋葬骨灰用的罗汉窟，以及储存粮食的仓库洞窟等几大种。这些不同类型和用途的窟有规律地修建在一起，组成一个个的单元，这一个个的单元又最终组成整个千佛洞石窟群。可见当时的佛教活动，已经拥有比较大的规模了。而这些洞窟的形制，也主要可以分为专用于礼佛、讲经和论法时用的中心柱窟和方形窟，以及专用于僧侣们的日常生活的僧房窟。其中，中心柱窟比较大，在主室的后部还建有左

右甬道，可见当时讲法论经的盛况；而僧房窟相对较小，还带有明窗、壁炉式灶坑和低矮的炕，不难想见当年在这里苦行的僧侣们风尘仆仆的身影。而这一切，又都是和小乘佛教的止观所相合的。克孜尔石窟群的建筑整齐有序，从日常生活到讲经礼佛，程序之完备是其他的佛教中心中少见的，而它的中心柱窟和僧房窟之多，则更是其他地区的石窟群所罕见的。那种景象，简直构成了大漠上的另一个佛教之国。

灿烂的石窟艺术

克孜尔石窟的艺术内容，主要包括建筑、雕塑和壁画三大类，而最能体现出克孜尔石窟高超的艺术成就的，就是它那总面积约 1 万平方米的绚丽多彩的内存壁画。这些壁画的内容包括佛、菩萨、比丘、天龙八部、飞天、供养人像和佛教的本生故事画、佛传故事画、因缘故事画以及天宫伎乐图、礼佛图、说法图、天象图等等。它们都是按照一定的规律绘在中心石窟和方形窟的不同位置的，其中最具特色的是以一种粗略的山峦图案划分出来的许多菱形小格中的各种佛教故事画。因此，克孜尔石窟的佛教艺术画不是像敦煌那样是连环的，而是每个小格中绘一个佛教故事的关键性画面，这些格子排列得整齐有序，故事画绘制得有条不紊。

这些故事画中，又尤其以佛教本生故事画、佛传故事画和因缘故事画为主，它们在克孜尔千佛洞的壁画中可以随手拈来。这些壁画中，目前已辨认出来的佛教本生故事有 70 余种，佛传故事有 60 余种，因缘故事有 40 余种，大多是比较常见的佛教故事。本生故事最常见的如睒子本生、鹿王本生、尸毗王本生、月光王本生、大光明王本生、须达拏太子本生、鸽本生等等；佛传故事中间最多的是对高僧涅槃的勾画，如举哀、焚棺、争舍利、分舍利、供养舍利等等内容；而因缘故事最常见的是波罗奈人身贸供养缘品、华天因缘品

克孜尔尕哈第30窟龟兹贵族供养人

等等。其中，佛教本生故事画以第17号洞为最多，有38种，被人誉为“故事画之冠”，壁画上的人物场景等等都描绘得惟妙惟肖。这些勾勒佛教故事的艺术作品，乃是僧侣、画师以无比的虔诚之心丝丝勾画出来的，场面绚烂多姿，人物栩栩如生，是中国乃至世界佛教艺术史上的旷古杰作。

佛教艺术画之外，克孜尔石窟的壁画中还有一些直接或间接反映现实生活的画面，这些壁画，就多是与供养人有关的，很多洞窟中都绘有许多身着龟兹服饰的供养人的画像，人像旁还有用龟兹文标明此人的姓名和身份的。从这标识中可以知道，当时的供养人上至龟兹国王和王公大臣，下至商贾和普通百姓，真可谓是举国皆“供养”了，龟兹佛教又岂能不盛？壁画内容中还有许多表现耕种、狩猎、商旅、音乐舞蹈和民族风貌的作品，为我们今天去了解龟兹古国的社会风貌和人文风韵提供了极好的资料。例如在第175号洞窟的甬道壁上，有两幅耕作图，一幅画的是两头牛合拉一杆犁，犁后的农夫一手扶犁，一手举鞭，驱牛耕地，图上的铁铧与汉代的铁铧非常相似；另一幅画的是一个头戴小帽、身着短裤的农夫，正在手持“坎土镘”刨土翻地，而这个画中的农夫所使用的“坎土镘”是沿用至今的耕具。在第38号

洞窟，有一幅乐工演奏音乐的壁画，乐工们吹拉弹唱，演奏的乐器有琵琶、箜篌、横笛、排萧、手鼓以及唢呐等乐器，反映出龟兹古国“管弦使乐，特善诸国”的佳话记载。

克孜尔石窟本来有许多的雕塑佛像，但是历经历史上的大破坏，以及外国探险家们前来掠夺的浩劫，如今，克孜尔石窟的佛塑像已荡然无存。现在石窟内仅有泥塑若干具，其中新 1 窟内的一尊卧佛长 5.65 米，乃是龟兹石窟中现存最大的塑像。其实，即使是那灿烂的壁画，也大多有所残缺，甚至伤痕累累的地步，有的根本无法辨认了。历史的沧桑，竟连这塞外的大漠石窟也没有逃过去。1949 年新中国建立以后，克孜尔石窟作为华夏子孙的珍贵财富和中华文明宝库里的瑰宝，受到了党和人民政府的深切关怀和重视，遗留下来的建筑、塑像和壁画等等历史文物都得到了很好的保护，现在以一个崭新的姿态重新向世人再次开放，向全世界展示这龟兹古国的灿烂文明和无与伦比的佛教艺术造诣。

二、鬼斧神工
——龟兹的石窟建筑

克孜尔石窟

龟兹的石窟艺术，也是达到了很高的水平，我们从克孜尔石窟、克孜尕哈石窟、库木吐拉石窟、森木撒姆石窟、玛扎伯哈石窟等这些著名的石窟建筑中间，颇能领略龟兹古国石窟建筑艺术方面的鬼斧神工。龟兹石窟的形制，大体上可以分为以下几种：支提窟、大像窟、讲经窟、毗诃罗窟（即僧房窟）、禅窟、罗汉窟和仓库窟等等。这些洞窟因为作用各不相同，所以他们的建筑艺术也就各有特色。

支提窟

龟兹的支提窟，即梵文“Caitya”的音译，又译作“支帝”、“脂帝”、“制多”等等。《三种悉地陀罗尼法》中曾

经记载：“梵音制底，与质多体同，此中秘密，谓心为佛塔也。”但是支提到底是存放骨灰的佛塔，还是供养之地，一直都有争议，但是作为佛家圣地或圣物的解释则是为大家所接受的。物随其教，支提窟也是来源于印度的佛教建筑之一，龟兹的支提窟大约一共分为中心柱形、方形、长方形等等形制，而其中，从龟兹佛教的传入初期石窟开始开凿一直到后来石窟艺术衰落的千百年间，主要还是以中心柱形的石窟为主，也以中心柱形石窟最有特色。

中心柱形的支提窟，一般分为前室、主室和后室三大部分。由于石窟都是开凿在沙石岩上，经过风吹雨淋之后，前室大多已经坍塌，只留有比较坚固的主室和后室。主室一般是长方形的，在中心稍微靠后的部分凿出一个方柱来，柱连窟顶，用来支撑起全窟的重量以保证洞窟的坚固性，这同印度支提窟的十几根甚至几十根大柱子支撑洞窟的做法迥然不同，显然是龟兹艺人根据石窟建筑地带沙石化的特征因地制宜而做的改造。因此，中心柱形支提窟体现了龟兹古国石窟建筑艺术上的本土化色彩。这个中心方柱上端连接洞窟的穹顶，下端则在前、后、左、右四个方向上各凿开一个小龛，内置佛像一尊，或者只在一个方向上开一个小龛而置一尊佛像，这些佛像就是用来给僧侣们顶礼膜拜用的。中心柱子后左右两个方向，

阿艾石窟

克孜尔石窟。第 17 窟顶部是券拱行，画满了棱格本生故事画

又各开凿一条甬道以通向后室。

主室的顶端，一般以纵券为多，也有平棋形顶、穹庐形顶、横券形顶等等，在洞窟的顶部与两壁的交合处，又凿出来一至三层叠涩线，这样做，能够保证光线进入主室之后的明亮程度，从而把龛里的佛像照亮。但是，与主室的明亮色彩形成鲜明对比的是甬道和后室，甬道通常是比较矮低阴暗的，后室也是如此，后室的洞窟顶端一般呈横券形或者直接就是平顶。这样做的目的，是和僧侣们的修行有关的，因为这样的中心柱形石窟，一般都是用来进行观佛朝拜、定心收性的，所以建筑规模比较大，空间也由印度支提窟的半圆形改成方形或者长方形以期能够容纳更多的僧侣。僧侣们一进门，首先看到迎面而来的方柱龛内的佛像，看到了佛的“功德圆满”之像，就要礼拜，但是等到经过甬道而到后室的时候，就会在昏暗之中看到两旁的壁画而将高僧们修行的辛苦场面印入自己的脑中，从而勉励自已愈加勤勉地修行向佛。这样，中心柱形石窟的整个建筑，就在人与神之间架起了一座沟通的桥梁，僧侣们循环往复地在石窟中礼拜，就会越来越虔诚，向着佛教更深的境界走去。所以，龟兹的中心柱形石窟，在鬼斧神工的艺术品味之中，也是极具现实修行意味的。

大像窟

大像窟，顾名思义，就是有大佛像的洞窟，它们是龟兹中心柱形支提窟中尤其高大的洞窟，其前室凿出来一个摩崖露天大龛，龛内雕塑有高达 10 米以上的大佛像，所以这样的支提窟便从一般的支提窟中分离出来，成为所谓的“大像窟”。

大像窟本来源自阿富汗的巴米扬大佛，阿富汗巴米扬佛像群位于今天其首都喀布尔西北的巴米扬镇东北郊不远的山崖处，该地具有优越的地理位置，是伊朗和中亚佛教世界交流的中介地带，而且巴米扬地区从公元 1 世纪到 7 世纪一直是小乘佛教最重要的宗教和寺庙中心。这个地方遍布大小石

库木吐喇石窟。红色的汉族画风，第 11 窟石窟顶部画者穿红色袈裟的千佛像

窟6000余座，石窟群中有 6 尊傍山而凿的大佛像，其中有两尊巨佛，一尊凿于公元1世纪，高38米，身披蓝色袈裟，名叫“沙玛玛”；另一尊造于公元5世纪，高55米，身着红色袈裟，名曰“塞尔萨尔”。公元4世纪和7世纪的时候，中国的晋代高僧法显和唐代高僧玄奘都曾先后到过这里，并且在他们各自的著作《佛国记》和《大唐西域记》中都对“庄严微妙”的巴米扬大佛作了生动形象的描述，表达了虔诚之心。这些佛像已被炮火摧毁。而我们的龟兹古国的石窟中的大像窟，就是以巴米扬大佛为模型雕塑的，所以龟兹的大佛像，一开始就具有一种恢弘的气象。但是，开凿大佛像是需要庞大的物力财力的，所以龟兹石窟开凿的大像并不多，而我们今天所能看到的就更少了。在几个大佛像窟中，当以克孜尔石窟的第47号洞窟的大佛像最为高大，水平也较高，堪称是龟兹大像窟的代表之作，可惜今已不存。从现在的考古测量来看，克孜尔第47号洞窟分为前后两室，前室高16.8米，后室高8米，宽10米，凿有涅槃台。前室的正面石壁上有一个大孔，正壁的底部有两个高约0.5米的石台，台面上留有两个大的圆孔，应该是当年大佛像的立脚处，综合前室石壁上的情形来估测，这里原先当有一座高度将近16米以上甚至更高大的立佛像，这在龟兹石窟的诸多大佛像窟中，已经是最高的了。不难想象当年修造这尊大佛像时的恢弘场面，以及佛像塑造好以后身披彩带朝霞，脚踩缭绕云雾，庄严神秀地立于峭壁之上的壮丽景色，更不难想见万僧朝拜的盛世景观。

讲经窟

讲经窟是龟兹石窟中比较特殊的一种洞窟，主要用于高僧讲解佛教经典，论述佛教精义，因此这类洞窟数量并不多。克孜尔石窟第119号窟、库木吐拉石窟第22号窟、克孜尕哈石窟第28号窟以及森木撒姆石窟的第49号窟都是讲

经窟。这类讲经窟规制比较简单，面积也不是很大，在龟兹的众多石窟形制中并不占主要地位。此外还有毗诃罗窟（僧窟），主要是僧侣们在此苦行修炼的日常居住场所，以及用来修身养性的禅窟等等石窟，也都各具特色。随着僧侣们修行的地点而因地制宜地进行建筑，结果围绕着中心柱形石窟，形成了一个个的小的单位，从而结合成为一个虔诚的佛教全体，在悬崖峭壁上朝拜佛祖，静思向善，度己者有之，度人者有之，佛声阵阵，在这无边的大漠里，声声播向西天。

心灵手巧的龟兹工匠们，在龟兹这大漠中的悬崖峭壁之中雕出了一个巧夺天工的佛教“宫殿”，造就了一方圣地，如今再去看那历史的沧桑遗迹，照样会赞叹不已，因为有一个谜团会始终萦绕在你脑中：到底是什么力量在这大漠上建出了如此鬼斧神工的奇迹？

三、亦真亦幻
——绚丽的石窟壁画

龟兹古国的石窟，以其灿烂绚丽的壁画而蜚声中外，龟兹的壁画艺术吸取了印度佛教绘画的技巧，并且融合了本民族的特色，在中国佛教绘画艺术史上成就了一个高峰，后世颇难望其项背。

栩栩如生的佛教故事画

龟兹石窟的壁画艺术，从绘画内容上看，以佛教故事画为主，还有佛经叙事画、佛教人物画和一些社会风俗画。而佛教故事画中，又主要包括了本生、佛传、因缘和供养等几类，分的比较详细，也通过壁画这种形式从不同的角度引领着佛教徒们虔诚修炼，一心向佛。

佛教本生画是佛教僧侣们编造出来的，用来宣传佛教教义，同时驱使教徒们刻苦修炼，因此本生故事非常之多。而龟兹壁画在佛教本生艺术方面，基本上都是以小乘教派经义为主的，龟兹小乘佛教曾经非常流行，因此小乘经义也就相应地反映到了绘画中来，在佛教石窟的建筑艺术方面也是反映这一主题的。佛教本生画，又可以分成因果报应、舍身求死、弃恶从善、精进智慧等等内容，但是无论哪种本生画，却都沿袭着龟兹石窟本生画的一大特色，即一个本生画只以一幅画面来表达，而不是像敦煌莫高窟壁画那样采用卷轴连环画的形式。

克孜尔千佛洞佛传壁画

龟兹的本生画，只是抓住这一本生故事中间最精彩的一个情节来加以描绘，例如在佛教本生故事中最为感人的“摩诃萨埵王子舍身饲虎本生”故事，本来就是一个非常完整的本生故事，如果要以卷轴连环画的形式表现的话，就要画很多幅，但是在克孜尔千佛洞第 38 号洞窟窟顶左侧上却只用了小小的一幅画来表现了这个舍身饲虎的本生故事，这幅画的画面极具感染力，将整个故事的最为悲壮的一幕展现了出来：画面上，有一个人躺在一只饿得腹背相连了的老虎脚边，老虎周围有四只瘦弱的嗷嗷待哺的小老虎，这个躺着的人就是摩诃萨埵王子，为了拯救母虎和她的四个孩子，他要舍身饲之。而画面上还多了一个人，正在头朝下脚朝上地伸展着双手向老虎脚下的王子飞去，表现出了天上的神人大受感动而下凡来救王子。这一幅画就表现了这一刻的场面，至于王子舍身跳崖、老虎啖王子肉而留其全骨等等场面则一概舍去，画家细心挑选了这一幕来描绘，却足以扣人心弦了。而且画面比较简洁，主要运用了蓝白二色，非常鲜明，摩诃萨埵王子神情安适，饿虎啸天哀鸣之势也表现得栩栩如生，这幅画虽然历经千年风霜，但是直到今天仍旧十分清晰，其

艺术表现着实令人震撼。

元《揭钵图》卷，佛教故事画

我们从龟兹壁画的佛教本生故事画中，可以看出当时龟兹画家绘画技巧的独到之处，他们能够结合龟兹本土特征，融合进佛教故事中去，另辟蹊径，自成一体，突出体现了龟兹壁画的与众不同和独领风骚的气势。不仅仅佛教本生画如此，佛教佛传、因缘和供养等故事画的艺术品味也是如此，例如克孜尔 224 号洞窟窟顶的“沙弥均提缘”因缘故事画，就抓住了故事的最为精彩的一幕来描述，却突破了许多画那种简洁明快的风格而绘制得绚丽多彩，乍看上去犹如一条美丽的织锦丝带一般悬在窟顶，可见龟兹壁画真是多彩多姿，妙在其中。

库木吐喇石窟第 45 窟散花飞天壁画

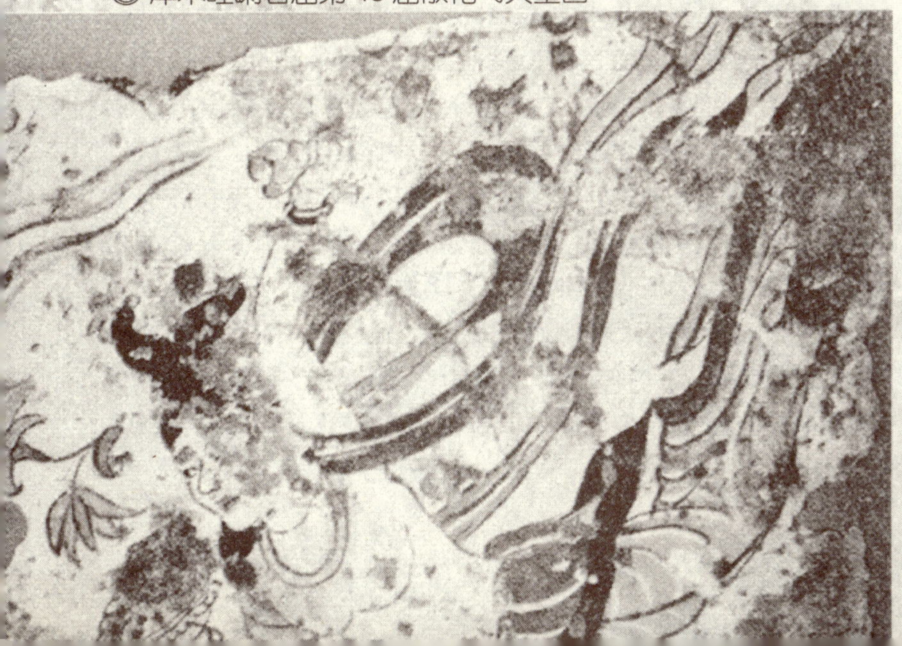

德国柏林印度艺术博物馆藏着克孜尔石窟的精美壁画

惟妙惟肖的佛教人物画

龟兹壁画不仅在绘制故事方面独具一格，在描绘人物的时候更加惟妙惟肖。龟兹壁画艺术中间有许多的佛像画，充分表现了龟兹美工艺术水准之高。本来，佛教产生的初期，是不允许绘制佛像的，认为是对无比高远的佛的一种亵渎，但是不久，随着佛教的广布与分支的延伸，逐渐出现了佛像，到佛教传入龟兹国的时候，已经可以绘制佛像了。所以龟兹的石窟壁画中从早期到晚期都可以有佛像的存在，而且时代愈往后，佛像愈多，绘制得愈精细，因为佛像要绘的是佛，而佛是无法捉摸和把握的。比如库木吐喇石窟第 45 号石窟的窟顶所画的大千佛像，举止神态各异，或通肩，或袒右臂，双手或做“禅定印”，或为“论辩印”等等，但是都显得十分安逸。八尊大佛像安排得错落有致，每尊大佛的头

上都有高肉髻，其项光和身光各用一粗一细两种线条加以勾勒，光圈内的空白部分用色涂平，接边处稍事渲染，这样就浑然天成了。但是美工并不就此收手，而是又在佛像中间添上朵朵祥云和天雨花，这样一来，佛的雍容大度和天国的安详肃穆之状尽数显出，使人一看上去便会有一种仙乐飘飘的感觉，恍如隔世。由此可见，龟兹壁画中的佛像等人物肖像画，其水平已经让人叹为观止了。

绘画手法的日益娴熟

龟兹众多千佛洞的壁画艺术，并不是同时在一个时期内绘制而就的，随着佛教的渐趋发展，佛教绘画艺术也在日益变化，其手法也逐渐臻于纯熟。佛教传入龟兹的初期，石窟壁画的风格比较粗糙，人物是用比较粗的线条勾勒轮廓，再用平涂手法粗粗地表现出画中人物的衣饰变化，而山水树木就表现得更为粗糙，点到为止，颇为潦草，接近于一种大轮廓的图案画。随着佛教的东传与教派的流布发展，龟兹佛教

库木吐喇石窟供养人壁画残片

艺术水平也逐渐提高，石窟壁画的风格也逐渐由西方型向东方型逐渐转化并且渐渐融合了龟兹的艺术风格，所以到了佛教发展中期的壁画，画中人物的身体线条明显地变细了，在人体不同部位的表现上也开始使用深浅不一的色泽来加以渲染，形象上产生了质感，人物形象开始变得丰满，在花草树木的绘制上也开始细心勾勒，使之柔和圆美而和整幅画保持着统一的格调。龟兹石窟后期的绘画，还随着中原佛教与西域佛教的交流而逐渐受到中原地区的绘画技术的影响，并且越到后期越明显，其壁画和佛像往往更能体现汉文化与龟兹文化的糅和和再生，人物形象变得极其丰满大度，神态悠闲，而且色泽鲜明，已经与早期的壁画不可同日而语，却与此时的莫高窟的壁画艺术已经有了某种程度上的相似。在保存完整的库木吐喇千佛洞的 112 个石窟中的大量珍贵壁画，也在独特的龟兹画技中体现出了印度、龟兹、回鹘、汉等多种艺术风格，其综合而成之功一目了然，余韵流风一直影响到现在。

龟兹古国的佛教可谓鼎盛，而在佛教艺术方面，无论建筑、雕塑抑或绘画等领域，都能融会中西、自出机杼，鬼斧神工的峭壁石窟、林林总总的洞窟形制、光彩夺目的壁画、亦真亦幻的境界、超凡脱俗的品味，这一切的一切，都是在这片古老而又神奇的土地上生长出来的，逐渐生根发芽、开花结果，长成了中国佛教文明史上的参天古木，开创了一代佛教艺术的唯美唯实的艺术高峰。

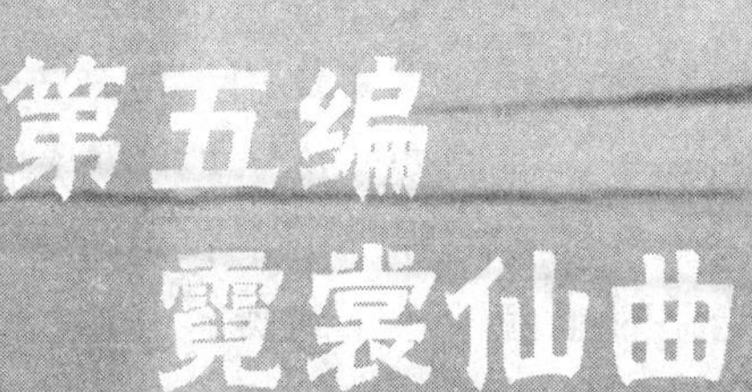

第五编 霓裳仙曲——龟兹乐舞

龟兹古国是闻名遐迩的西域“歌舞之邦”，歌舞乐曲久负盛名。《大唐西域记》中评价说是“管弦伎乐，特善诸国”，可见其当时的歌舞乐器水平在西域就已经技冠群雄了，龟兹的舞乐，不仅在西域地区传播甚广，而且传到了中原地区，颇受人民喜爱。龟兹的琵琶等乐器也相继传入中原，对丰富中原地区的音乐歌舞起到了重要作用。龟兹古国似乎与乐舞有着不可分解的关系，他们如此深沉地陶醉到美妙的乐舞之中，在欢歌笑语中伴随着那绿洲的丰收走过了一年又一年，龟兹人，学会走路时也就学会了跳舞，开口说话时也便学会了唱歌，这好像是植根在龟兹每一个人的血液中的一种难以割舍的因子一样，祖先的血液里流淌着千年的歌舞情，后辈们的身体上照样四射着龟兹乐舞的无尽活力，四周里茫茫戈壁，绿洲中轻歌曼舞，绵延而至今日。

克孜尔千佛洞乐舞壁画

一、婆娑身姿，轻歌缓舞凝丝竹——龟兹的万千舞蹈

龟兹历来是西域文化荟萃之地，著名的歌舞之乡，每当婀娜多姿的龟兹姑娘在弦声中翩翩起舞的时候，任何人都会情不自禁地随着她的节拍轻轻地跳起来的，因为龟兹古国的舞蹈真可以称得上是风情万种，在时而轻盈，时而热烈的舞步之中，散发着魅力，感染着观众，凡目睹者无不站立静观，时而合拍起步，俨然已经醉在其中矣。其实，龟兹的歌舞和音乐是难解难分的，有舞的地方必然有乐伴奏，而有乐响起的地方也一定有人起舞，所以后来“乐舞”并称，颇难独述其一，不过龟兹的舞蹈又是那么的万千风情，因此我们不得不怀着一种好奇而又带着几分虔诚的目光，从历史的记载和今天的舞蹈的余韵中再一次地寻求那美丽绝伦的龟兹舞蹈。

史籍中的龟兹舞蹈

历史文献上对龟兹舞蹈的记录极少，关于龟兹舞的动作打扮，早就有抹额、绯袄、白裤帑、乌皮靴的记载，到唐朝杜佑的《通典》，曾经有一段描写龟兹舞蹈的话，备受后世注目。杜佑记载说：“初声颇复闲缓，度曲转急躁，或踊或跃，乍动乍息，脐脚弹指，撼头弄目，情发于中，不能自止。忭击其节也，手忭足蹈，忭者因其声以节舞。龟兹伎人

◉ 库木吐喇石窟第 45 窟乐舞特写

弹指为歌舞之节，亦忭之意也。”可见当时龟兹舞蹈已经传入了中原地区，而且其舞蹈震撼了中原士人，《通典》中的“举止飘摇”、“踊”、“跃”、“跳足”、“弹指”、“撼头”、“弄目”等等动作，显然在作者看来都是龟兹舞蹈中的特色之处，却也恰恰可以看到龟兹舞蹈的热烈奔放与强烈的节奏感，这对中原本土音乐舞蹈，显然是个很大的冲击；而这个冲击，后来逐渐扩大，濡染了中原音乐，龟兹舞蹈一时蔚为大观。

壁画中的舞蹈

我们从历史典籍中搜寻有关龟兹舞蹈的文字记载，显然是一个费力而又无功的事情，但是龟兹古国的舞蹈却以另一种形式一直存在于我们眼前，那就是壮美的龟兹石窟里的反映龟兹古国社会风俗的壁画，这些壁画既是佛教艺术的代表作品，又是繁盛的龟兹乐舞生活的真实写照，为后世留下了龟兹舞蹈的丰富形象。例如在龟兹克孜尔石窟第 38 号窟中现存有一幅精美的天宫伎乐图，该石窟的主室两壁上对称地

唐舞乐屏风。新疆出土

绘着 14 组伎乐，每组有一男一女两个伎乐，女伎袒露上胸，头戴花蔓，十分艳丽动人；男伎则戴珠冠，披方巾，神态自若。其中有一组的两个伎乐，一个在打击手鼓，一个在舞弄缨络，二人侧身依偎，尽显绵绵柔美。这些伎乐都在以不同的方式吹弹乐器，翩翩起舞，能让人在这灵动之中感觉到他们舞蹈时的沉醉和痴迷。而在佛教艺术作品中，我们也可以通过很多的图片来理解当时的舞蹈风情，而且这些通过美工

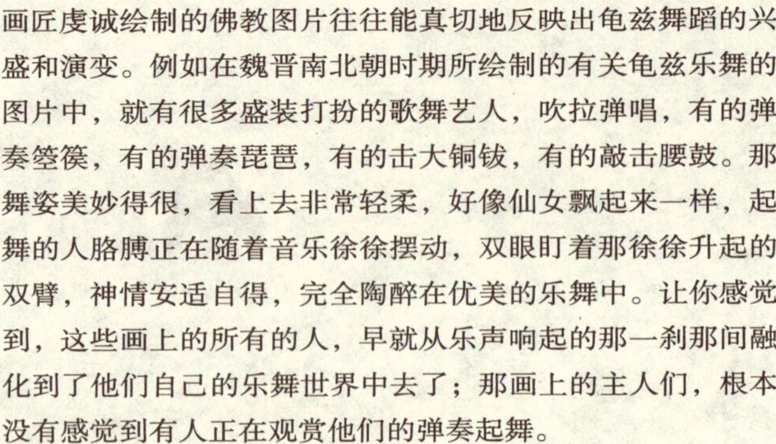

画匠虔诚绘制的佛教图片往往能真切地反映出龟兹舞蹈的兴盛和演变。例如在魏晋南北朝时期所绘制的有关龟兹乐舞的图片中，就有很多盛装打扮的歌舞艺人，吹拉弹唱，有的弹奏箜篌，有的弹奏琵琶，有的击大铜钹，有的敲击腰鼓。那舞姿美妙得很，看上去非常轻柔，好像仙女飘起来一样，起舞的人胳膊正在随着音乐徐徐摆动，双眼盯着那徐徐升起的双臂，神情安适自得，完全陶醉在优美的乐舞中。让你感觉到，这些画上的所有的人，早就从乐声响起的那一刹那间融化到了他们自己的乐舞世界中去了；那画上的主人们，根本没有感觉到有人正在观赏他们的弹奏起舞。

“胡旋舞”舞大唐

到了隋唐时代，龟兹乐舞更是大行于中土，并且在中原地区已经演化成为一种包含音乐、舞蹈甚至戏剧在内的综合艺术形式，在表演方式上又有了一个新的突破。当时的龟兹舞，风靡了大街小巷，而达官贵人们更是痴迷于此，歌舞升平，龟兹乐阵阵，一时歌风大行，这乐舞后来甚至又辗转传到了日本、朝鲜、越南等周边国家，对这些国家的音乐发展起到了重要的融合、推动作用。而此时具体到龟兹的舞蹈，其种类也比以前更多了，可以分为健舞、软舞、歌舞戏、习俗舞、模拟舞、执具舞以及宗教舞等等。也可以说，这个时候的龟兹舞，其实已经融合了许多别的东西在里面，相互杂糅，以渲染舞姿。唐朝诗人白居易曾经写过一首著名的《胡旋女》诗，诗中对“胡旋女”的美妙舞姿进行了惟妙惟肖的描写：“胡旋女，胡旋女，心应弦，手应鼓。弦鼓一声双袖举，回雪飘摇转蓬舞。左旋右转不知疲，千匝万周无已时。人间物类无可比，奔车轮缓旋风迟。曲终再拜谢天子，天子为之微启齿。胡旋女，出康居，徒劳东来万里余。中原自有胡旋者，斗妙争能尔不如。天宝季年时欲变，臣妾人人学圜

转。中有太真外禄山，二人最道能胡旋。梨花园中册作妃，金鸡障下养为儿。禄山胡旋迷君眼，兵过黄河疑未反。贵妃胡旋惑君心，死弃马嵬念更深。从兹地轴天维转，五十年来制不禁。胡旋女，莫空舞，数唱此歌悟明主。”这首诗虽然是讽谏类诗歌，但是其中对“胡旋女”的优美舞姿的描写以及唐朝上至天子贵妃、下至平民百姓均陶醉于此风之中的情形则作了绝好的描绘，“胡旋女”跳的正是所谓的“胡旋舞”，属于健舞，从她那飒爽凌厉的舞蹈动作中，可以尽数窥探到龟兹的优美舞姿。

飒飒“赛乃姆”

至今仍旧被誉为“新疆十大赛乃姆”之一的库车赛乃姆，是从龟兹古国传承下来的舞蹈之一，“赛乃姆”其实是在新疆维吾尔族人民中间最流行的一种舞蹈，形式自由活泼，不拘泥于成法，可跟随着自由的节奏即兴表演。既可独舞，又可群欢，因此颇受大众喜爱。赛乃姆最初是从“胡旋舞”和“柘枝舞”等舞蹈的发源地中亚地区传到西域地区来的，首先在龟兹古国流行开来。赛乃姆本身就注重腰肢的扭曲飘摇，动作力度很大，后来在龟兹流行的时候又和当地的龟兹舞蹈结合起来，从而形成了龟兹式的新的赛乃姆，在摇动腰肢时注重了龟兹舞蹈的那种头、手、脚、颈、肩并用的“踊”、“跃”、“跳足”、“弹指”、“撼头”、“弄目”等等动作的延伸和技巧运用，这样一来，龟兹的舞蹈融入了赛乃姆之中，赛乃姆日益受到大众欢迎，渐渐流行，兴于全疆，播及后世，千年不辍。我们今天看到的库车赛乃姆，其实就基本上能够体会出当年龟兹古国赛乃姆的那种“一舞跳罢，珠玉可扫”的美妙境界了。

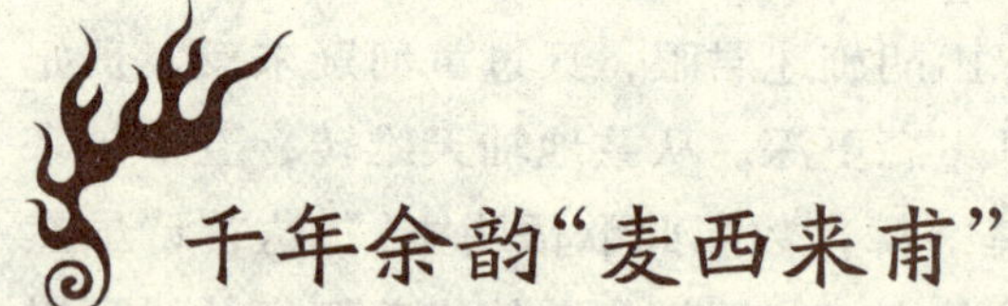

千年余韵“麦西来甫”

除了赛乃姆之外，龟兹地区还流行一种叫做“麦西来甫”的舞蹈，这种舞蹈虽然没有赛乃姆那么普遍，但是在龟兹当地还是很受民间欢迎的一个舞蹈。麦西来甫的最大特点，在于它很好地继承了龟兹古国舞蹈的传统技艺，舞姿独特，曲调别致，节奏有序，气氛热烈，很具龟兹特色，所以麦西来甫舞蹈颇受青睐。有人说麦西来甫就是龟兹古国舞蹈的“活化石”，并非空穴来风，将麦西来甫的表演技巧揆诸龟兹石窟较早的社会风俗壁画，往往不谋而合，所以麦西来甫的存在，可谓是龟兹古国舞蹈的一支余绪，亦可见龟兹舞蹈的千年魅力真是愈久弥深。

“婆娑身姿座前飘，轻歌缓舞凝丝竹，乍起腰指浑然去，脚下珠玉尽可扫。”龟兹舞蹈，一个永远在轻盈飘动着的婀娜身姿。

二、仙音袅袅，美酒一杯声一曲——龟兹的美妙音乐

“美酒一杯声一曲”

唐代诗人李颀有一首七言古诗《听安万善吹筚篥歌》，诗曰：

流传汉地曲转奇，凉州胡人为我吹。
傍邻闻者多叹息，远客思乡皆泪垂。
世人解听不解赏，长飚风中自来往。
枯桑老柏寒飕遛，九雏鸣凤乱啾啾。
龙吟虎啸一时发，万籁百泉相与秋。
忽然更作渔阳掺，黄云萧条白日暗。
变调如闻杨柳春，上林繁花照眼新。
岁夜高堂列明烛，美酒一杯声一曲。

这首诗歌描写了龟兹乐曲美轮美奂的造化之功，几近于夺天地之灵巧了，使闻者心绪起伏，波澜大兴，可见龟兹乐曲的魅力之大，入心之深。龟兹的音乐和龟兹的舞蹈一样，都是龟兹古国留给后人的宝贵财富，妙如天籁的龟兹乐传到中原以后，无论是在曲调上，还是在节奏上，抑或是在乐器上，几乎可以说引起了一场大变革，它对于整个中国音乐史

发展的影响，可谓是至深至远。

龟兹的乐曲和乐器

龟兹乐的乐曲简单说来主要包括歌曲、解曲、舞曲三种，但是由于缺少可资利用的文献记载，所以龟兹乐曲的内部曲式结构尚不明了。歌曲是唱歌的人与伴奏的人一同表演的声乐曲，解曲则是主要用于器乐演奏的器乐曲，是当时西域音乐中的特殊结构，尤以龟兹乐为常用。龟兹乐的结构中间，还有一种大曲，龟兹大曲由散序、中序、破三大段组成，节奏上由慢入快，从潺潺的山间小溪到奔流直泻的沟涧长河，颇能引人入胜，使闻者忘却自我。

龟兹乐的婉转清脆抑或热烈奔放的感情表达，有赖于龟兹乐器的得天独厚。龟兹乐器有很多种，北宋的《太平御览·乐部·四夷乐》中曾经记载：“龟兹起自吕光灭龟兹，因得其声乐，记有竖箜篌、琵琶、五弦、笙笛、萧、筚篥、毛圆鼓、都答鼓、腰鼓、羯鼓、溪娄鼓、铜钹、贝等十五种为一部。”而在《新唐书·礼乐志》以及元朝马端临的《文献通考》中还提到了弹筝、答腊鼓、侯提鼓、齐鼓、檐鼓、都昙鼓等等几种乐器。从现在的典籍史书中的记载、龟兹和中原地区的石窟壁画以及考古出土文物来看，龟兹

唐吹笙俑

古国的乐器多种多样，大约有 30 余种。可见龟兹乐器在不断地增多，也可知道龟兹乐曲正在随着乐器的增多而日趋融合别种音乐，共造天籁之音。

龟兹音乐的东传

龟兹的音乐似乎很早就已经颇有名气了，在龟兹乐与中原地区的音乐交流史上最为重要的一件事就是前秦大将吕光的西征龟兹。公元 382 年，吕光奉前秦皇帝苻坚之命西伐龟兹，得龟兹乐工和乐器舞曲而返，自此龟兹音乐开始播向中原地区，龟兹音乐渐渐开始在中原大兴，累代相传。元朝马端临在他的《文献通考》一书中记载龟兹音乐入中原并逐渐大兴的历史时写到：“自吕光灭龟兹，因得其声，吕氏亡，其乐分散。后魏平中原，复获之，其声后多变易，至隋有西国龟兹、齐朝龟兹、土龟兹等，凡三部。开皇中，列于七部乐，其器大盛于闾阎。唐以为十部燕乐，奏安息乐以下雷大鼓、用龟兹乐，尤盛于开元之时。曹婆罗门累代传其素业。大和初，有米未嫁，米万捶乐工人皂丝布头巾、绯丝布袍锦袖、绯布裤。舞四人红抹额、绯袄、白裤帑、乌皮靴。其舞

库车著名女艺人尼莎罕

曲有小天疏勒、盐耆。”可见龟兹乐曲自从前秦时期传入中原地区以来，从未衰落，反而被历代皇室所继承，并且大行于民间，所谓“其器大盛于闾阎”就是这样的一种竞相学习演奏龟兹音乐的情形。

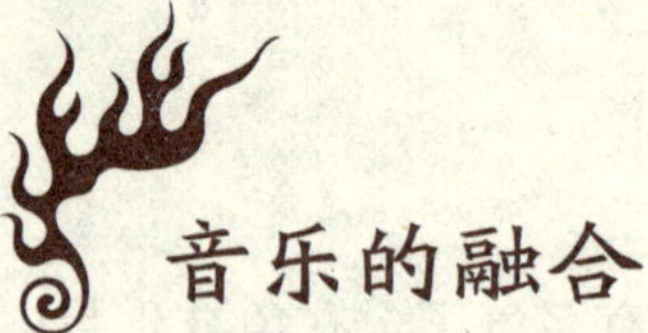

音乐的融合

龟兹音乐的东传中原，具有很悠久的历史，并且对中原地区的音乐发生了巨大影响，而这个音乐的融合期，又以隋唐时期尤为高潮，这一时期的乐理、乐曲交流和融合，几乎奠定了以后很长一段时间内中原地区的音乐文化。早在北周武帝的时候，就有龟兹人苏抵婆来到中原，将龟兹乐的七调，即“婆陀力”、“鸡识”、“沙识”、“沙侯加滥”、“沙腊”、“般赡”和“候利箑”等，和中原地区的音乐加以融会变通，构成一个新的“五旦三十五调”，也就是五韵三十五调，苏抵婆可以说是将龟兹音乐乐理推广到中原地区，并且加以调和的第一人。虽然关于苏抵婆的具体身份，我们现在还没有一个明确的考证，但是大家对于苏抵婆在龟兹音乐乐理的推广方面，则是众口一词地大加赞扬的。到了隋朝隋文帝杨坚的开皇年间，据说有大臣郑译，精于乐理，曾经参照龟兹音乐的七声学说整理过中原地区的音乐，相互启发，最终演变出所谓隋唐“燕乐二十八调”来。根据《隋书》记载，隋炀帝的时候还曾经命令龟兹乐工白明达创造乐曲新声，后来白明达就创制出了诸如《万岁乐》、《藏钩乐》、《七夕相逢乐》、《投壶乐》、《舞席同心髾》、《玉女行觞》、《神仙留客》、《掷砖续命》、《还旧宫》、《长乐花》以及《十二时》等等曲子，技法纯熟，乐理尽显，堪称一代名作。

隋唐时期还有一位乐理名家兼演奏名家万常宝，结合自己的音乐活动经验，以龟兹乐理为蓝本，来对中国古代音乐的旋宫理论作出重新阐述，并且以他自创的“水尺”为律

尺，衍化出了八十四调，自此音乐律制便又有了一个大的飞跃和改观。

大兴于中土

唐朝时期对龟兹乐的推崇，更是无以复加，甚至有几个皇帝也颇能作曲唱词，如唐高宗李治、唐玄宗李隆基等等。唐朝著名的十部乐中就有龟兹乐，而且龟兹乐在其中的地位很高。东土大唐，盛世雄风，不曾拜于谁的脚下，却唯独于音乐舞曲一门，对龟兹古国高山仰止。唐高宗李治还曾经将龟兹艺人白明达接到长安宫中演奏龟兹乐器，甚至从白明达学得龟兹乐法，据唐朝《教坊记》记载：“（唐）高宗晓声律，闻风叶鸟声，皆蹈以应节。尝晨坐闻莺声，命乐工白明达写之为‘春莺啭’，后亦为舞曲。”唐朝皇室起于关中地区，而关中地区向来都是中原与西域地区文化艺术交流的走廊之地，舞蹈音乐等等更是交相融合，而唐代又被后世史家视为“大有胡气”，所以有唐朝“胡”乐大盛，西域地区的龟兹乐、疏勒乐和高昌乐，纷至沓来，与中原音乐丝丝融合，唐朝音乐家所创制的许多乐曲，都是吸收了龟兹音乐的韵律格调。所以作品或轻盈凌澈，或高原来风，或激情四射，共同铸造了中原音乐

河南安阳隋张盛墓乐舞俑，排箫

的一个发展高峰。唐初龟兹乐曲就继承隋朝时期的传播大势，显示出了其特有魅力，唐朝宫廷中的西域疏勒籍音乐名家裴神符创作了《胜蛮奴》、《火凤》、《倾杯乐》三支曲子，音声或是慷慨激昂，或是飘逸清远，《通典》中评价其“声度清美”，乃是合龟兹乐与中原乐之杰作。他的《火凤》尤其流行，竟然又衍化出了《真火凤》、《急火凤》和《舞鹤盐》三个别名，与龟兹艺人白明达奉唐高宗之御命所创作的《春莺啭》一曲并驾齐驱，其一悲慨，其一清新，款款流布四方，颇受欢迎，堪称一时之盛，可见当时龟兹乐曲在中原地区的风靡。龟兹乐曲中还长于运用羯鼓，羯鼓被誉为“八音领袖”，后来传入唐朝后非常风行，爱好音乐舞蹈的唐玄宗就非常爱好羯鼓，据说他为了练习羯鼓光鼓椎就敲坏了几大箱子，此事无论真假与否，故事本身就已经说明，当时龟兹乐器在中原大唐的流传之广，以及人们对它的陶醉和痴迷。

龟兹在唐朝时期流传的音乐舞曲非常之多，近乎百种，例如《苏幕遮》、《太平乐》、《北庭子》、《亢利死让乐》、《远服》、《金华洞真》、《万宇清》、《感皇思》、《摩多楼子》、《胡涓州》、《穆护砂》、《舞马》等等，都是非常有名的传世之作，为人们所喜爱。《旧唐书·音乐志》中曾经说：“自周、隋以来，管弦杂曲将数百曲，多用西凉乐，鼓舞曲多用龟兹乐，其曲度皆时俗所知也。”可见一斑。不仅如此，龟兹乐还在唐朝时期传到了云贵地区，唐德宗时期南诏入觐贡献《南诏奉圣乐》，德宗同时颁赏南诏一部龟兹古乐，从此龟兹乐曲传入南诏地区，在今天的云南下关洞经乐社的“三元会”的传世谱系中，就载有“奉圣乐”、“龟兹乐”、“朝天子”等等乐章，可见当时龟兹乐曲的流布，已经是遍及长江南北，播至大漠边陲了。直到今天，库车县身怀绝技的民间歌手、民间艺人仍旧不乏其人，表演艺术自成一格，傲视全疆。从这些艺人身上，仍旧能够很清楚地感觉到龟兹古国乐曲中的那股举世为之倾倒的丝竹之气。

三、"千呼万唤始出来，犹抱琵琶半遮面"——龟兹琵琶入中原

琵琶是我国音乐艺术领域中最为著名的弹弦乐器之一，《十面埋伏》、《阳春白雪》、《春江花月夜》等等琵琶曲调，以其优美清脆的音色和轻卓跳跃的节奏成就了中国音乐史上的千古名篇，其高雅情趣，令人百听不厌。在池边小榭内，素衣青桌，檀香一炷，于微风拂面，茶气袅袅之余拥琵琶而坐，纤纤玉手抚弦而起，则其声起之处，或为高山流水，或是悠悠落花，或驭雄兵百万，或愁秦汉关月，风云际会，万千气象，行云流水，卓尔不群，诚可谓天下胜境。"此曲只应天上有，人间能得几回闻。"琵琶弦弹，婆娑舞姿，可谓震烁古今。然而，琵琶却并非是中原地区旧有的传统乐器，而是从龟兹古国传入的。"龟兹琵琶"久负盛名，对中国音乐表演艺术的鼎盛功不可没。

琵琶的东传

琵琶作为一种音乐演奏乐器，最早是由两河流域的苏美尔人所发明的，苏美尔语称为"曼陀林"（Pantoura），后来传到了波斯，又经过丝绸之路等等途径辗转进入龟兹，由于琵琶的音色美丽，能够很好地融入到欢快热烈的龟兹乐舞中，去共同演绎精彩的场面，所以琵琶在龟兹大为兴盛。"琵琶"起初在汉语中被写作"批把"，东汉末年的刘熙在他

所撰写的《释名》中曾经解说到："批把，本出于胡中，马上所鼓也，推手前曰批，引手却曰把，象其鼓时，因以为名。"刘熙显然是把弹奏技法拿来作为乐器的名字而加以解释的，不过刘熙看到琵琶的时候，弹奏者还是用木拨子来弹拨琵琶弦的，后来到了唐朝时才改为用手指弹奏，所以刘熙把演奏琵琶叫做"鼓"，而不叫弹。后来，"批把"便被人们改写成了今天的"琵琶"字样，由此观之，"琵琶"名称字样的固定，好像是"批把"的形声而已，但是有人从琵琶的传入中国的历史上观察，认为汉语中的"琵琶"一词实际上出自龟兹语"Vipanki"的音译。无论如何，都表明一个事实，即琵琶是当时大行于龟兹的著名乐器，不久，即传到了中原地区，所以又被称为"龟兹琵琶"、"胡琵琶"或"胡琴"等等名字，后世到了宋代以后直接就称"琵琶"了。

李龟年

征服中原乐坛

早在《隋书·音乐志》中就有了关于琵琶的记载："今曲项琵琶，竖头箜篌之徒，并出自西域，非华夏旧器。"这尚是一种对乐器的描绘，到了《旧唐书·音乐志》中就开始记载其日益兴盛的情形了："后魏有曹婆罗门，受龟兹琵琶

于商人，世传其业。至孙妙达，尤为北齐高洋所重，常自击胡鼓以和之。”高洋乃北齐开国皇帝，如此热爱龟兹琵琶和胡鼓等乐器，可以想见当时琵琶已经进一步流传进中原地区并且开始博得人们的喜爱了。唐朝的时候，琵琶在演奏技巧上的一大变化就是废除了以前的木拨子，而改用手指直接拨弄琵琶弦，唐朝宫廷乐师疏勒人裴神符以擅长弹琵琶而闻名，就是他最早废除拨子而改用手指弹奏琵琶的，使人的感情能够直接和琵琶融合到一起，取得了很大的成功，从而革新了琵琶的演奏技艺。因此，琵琶之所以能够大兴起来，是与它那与众不同的音色和变化多端的演奏技巧密切相关的。琵琶演奏的时候，可谓是左右开弓，左手各指按弦于相应的品位处以调音，右手则戴赛璐珞假指甲拨弦以发音，一旦奏起，右手或挑、或滚、或夹弹、或双弹、双挑、或分、或勾、或抹、或摭、或扣、或拂、或扫、或轮等等，指法轻盈，变幻莫测；而左手也或揉、或捻、或带起、或捺打、或虚按、或绞弦、或推、或挽、或绰、或注等等，不一而足，运用自如。整个的表演艺术就足以让人眼花缭乱，加上其天伦之音又丝丝入耳，闻者无不为之惊叹沉醉，古往今来真

唐骑马琵琶乐俑

是未之有也。

唐代，无数的文人墨客留下了他们自己沉醉于琵琶演奏的美妙仙境中去的作品，其中流传最广的，就是唐代诗人白居易的《琵琶行》，诗中对琵琶女炉火纯青的精湛技艺作了入木三分的刻画和描写。琵琶女以一个社会下层的歌妓身份，琵琶演技就已卓然超群，可见龟兹琵琶乐曲对中原音乐的影响之大之深。

白居易琵琶行词意

第六编
龟兹古国的社会风俗一瞥

一、难忘祖根，自成一格——龟兹古国的社会风俗

产子压首

剪发垂项

二、安适恬然，一如中原——龟兹古国的历法和节日

历法纪年

节气节日

一、难忘祖根，自成一格
——龟兹古国的社会风俗

龟兹古国既有从古代传承下来的风俗习惯，也有各个民族融合进龟兹民族之后形成的风俗，更有在和中原地区进行文化交流之时所诞生的新鲜民俗，颇难理出一个头绪。有关龟兹古国社会风俗的文字记载并不多，我们现在所能看到的龟兹古国的风俗民事，主要来源于汉文的典籍史书，但是这些记载也并非专门记载龟兹国的风俗习惯的，只是在其宏大的叙事框架中偶尔提及而已，因此这些片段就变得非常零碎，我们要很好地了解龟兹古国的社会风俗，就不能不从这些零碎的记载中去寻找。

从历史典籍的记载中，我们可以发现，龟兹古国的最为明显的社会风俗似乎主要有“产子以木压首”以及“剪发垂项，唯王不剪发”等等。

龟兹集市

产子压首

关于龟兹古国“产子以木压首”的风俗，在历代史籍中均有记载。《新唐书·西域传》中就曾经记载：“龟兹，一曰丘兹，一曰屈兹，……俗善歌舞，旁行书，贵浮图法。产子以木压首……”等等。《大唐西域记·屈支国传》中曾记载：“屈支国，……其俗，生子，以木押头，欲其匾也。”这种习俗，看来在龟兹也是比较盛行的，龟兹人有了小孩以后，便要例行给新生儿做一种类似整治颅形的“压首”，方法即将孩子平放于床，用木板之类的硬物轻轻地挤压脑壳，天长日久，即使其颅骨渐渐变成扁形。这种风俗看来似乎不可想象，甚至让现在的人觉得有些“残忍”，但是根据石窟壁画等等考古学资料来看，龟兹古国当时的确有这种风俗，而且是比较古老的一种习俗。不唯龟兹如此，疏勒、姑墨、尉头等龟兹的周边国家也曾经流行过这种风俗。以此观之，似乎整个塔里木盆地周围，从很早的时候起就沿袭着这样一

古龟兹榨油技术

种比较原始的“压首”风俗。

剪发垂项

“产子压首”的风俗之外，龟兹古国的另一个风俗便是在发饰上流行一种“剪发垂项”的习惯，但是与普通大众“剪发垂项”的习俗相反，龟兹国王则不剪发。《晋书·四夷传》、《隋书·西域传》以及《旧唐书·西域传》、《新唐书·西域传》中都有共同的记载：龟兹人“俗断发齐颈，惟君不剪发”、“男女皆剪发，垂与项齐，惟王不剪发。”等等。现在根据考古学的一些资料，有的学者认为在西域地区同中原地区还没有进行大规模的文化经济交流的时候，西域地区就有一些地方是留发而不剪的，龟兹古国显然也是在这个民俗带中间的一国。但是当中西交通开始频繁往来的时候，龟兹的人民开始剪成齐颈短发了，唯一不同的地方，是龟兹国王仍然沿袭着先前的传统，披长发而不剪。《隋书·西域传》说“其王头系彩带，垂之于后，坐金狮子座”，可见龟兹国王的尊贵。

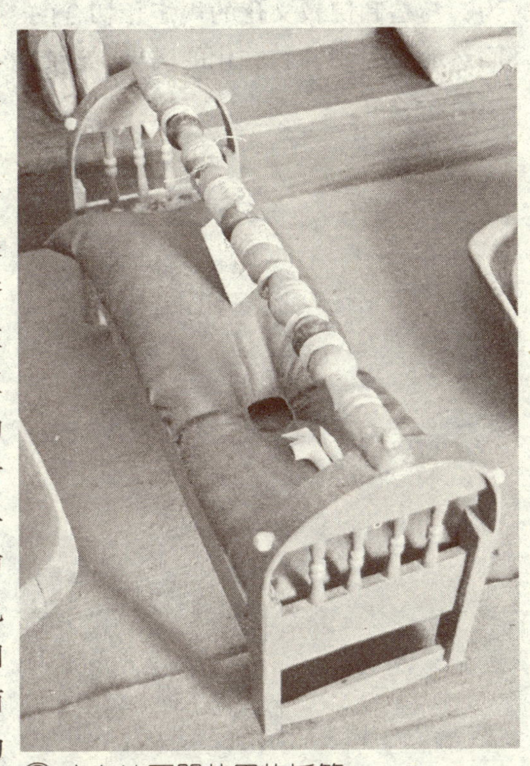

库车地区婴儿用的摇篮

这些传统，大多与龟兹古国自身的远古传统承袭甚有关

系，开始有着许多同中原不相同的地方，龟兹古国的婚丧之礼，本来也应是如此，后来逐渐和中原地区相交流，龟兹王绛宾虽然浪漫“抢亲”，但是仍旧去和汉朝解忧公主提亲以获得她的同意，才最终和她的女儿弟史公主结婚。龟兹国的婚姻丧嫁到唐朝的时候几乎就和中原的一样了，婚姻形式上也有一整套的提亲、下聘、定日、迎亲、送亲、拜堂、完婚等等仪式，其繁文缛节看上去并不比中原地区的简单多少。

在丧葬方面，龟兹地区在汉朝的时候就基本上实行火葬，先是入殓，而后火葬，进而家屑收骨灰以奉，持服哀悼七天，最后将骨灰下葬入土，这样做的原因，据有的学者认为，乃是和佛教文化的规矩相切合的。龟兹佛教大盛，自然而然地要受到佛教文化的濡染，渐趋影响到其风俗也是情理中事。

二、安适恬然，一如中原
——龟兹古国的历法和节日

历法纪年

龟兹在天文历法和节日庆典诸方面，几乎全部中原化了，这也是当时西域诸国的大趋势，尤其是丝绸之路勃然兴起之后，交流日广，天文历算无所不包。根据有的学者们据考古资料而进行的悉心考证，龟兹古国最迟至西汉中期就已经基本上采用了中原地区的历法。而且，龟兹古国的纪年方法，除了使用中原地区的皇帝年号之外，另有“龟兹王某某在位之某某年”的特色纪年法，并未丧失自己的本土化特征；而至于公元纪年，则是一直到 2000 多年以后的中华民国建立之后才出现的，当时当然没有这种纪年方法。

学者们还发现，在龟兹古国，也存在着类似中原地区的生肖十二属相，不过稍微有所不同，即汉族地区十二生肖中的“龙”和“蛇”，龟兹古国代之以“狼”和“鹰”，但是主体的东西显然是一样的，由此更可添龟兹古国与中原地区文化往来密切的一个有力证据。

节气节日

由于龟兹古国采用了和中原地区一样的历法，因此，双

方在节日方面几乎一样。根据一些龟兹古国史研究专家们的仔细考证，认为龟兹古国在节日上也是以一些传统二十四节气、人物祭奠、宗教活动等等划分出来的。龟兹的主要节日，主要有元日庆岁首、二月八日庆春分、三月三日庆播种、四月八日祝贺佛祖释迦牟尼生日的“浴佛节”、五月五日庆祝弥勒佛生日、七月七日祭祀祖先、七月十五日僧侣们的“盂兰盆会”盛会、九月九日的“床搬”节、十二月八日祝释迦牟尼成佛节等等。

龟兹的节日庆贺，在形式上常常表现为群体欢聚，因为龟兹人能歌善舞，所以无论是元日庆祝一年岁首，还是庆祝佛祖们的生日、成佛日，气氛都非常热烈，而且往往夹杂有“斗牲”、“婆摩遮”等等民间活动，所以热闹非凡。在龟兹的诸多节日中，其实最多的规模最大的，还是佛教方面的庆贺，作为西域地区的佛教大国，香火兴盛的龟兹从来都是以一颗无比虔诚明亮的心来礼佛拜佛的，伽蓝寺院的广建、千佛洞的开凿、石窟壁画的绘制等等，都是龟兹古国礼佛的明证。因此，每逢佛教佳节，便是龟兹国的举国盛日，南宋辛弃疾的《青玉案·元夕》一词曾经描绘元宵节的景色说：“东风夜放花千树，更吹落，星如雨。宝马雕车香满路，凤萧声动，玉壶光转，一夜鱼龙舞。”这虽然是描绘后世江南的景象，但是这情景用来形容龟兹古国的节日气氛，却也是丝毫不夸张的，我们完全可以想象我们这个古老而又美丽的绿洲之国，在节日里载歌载舞，每一个人的脸上都挂着微

库车节日斗牲

笑，犹如轻风拂杨，就连终日忙忙碌碌、青灯古佛的僧侣们，也一时停下了脚步，放下了经本，遥望着那城中的灯火花树，他们也许在想："要是佛祖再生，目睹眼前绿洲大漠这美轮美奂的景象，置身在龟兹古国这淳朴民风中，他是否也会动心、会陶醉？他该会如何举止……"龟兹安然恬适的社会风俗，一如中原大地，这小小的绿洲上，其实已经造就了另一个"小中原"了。

摔跤

尾声

山一程，水一程。
身向榆关那畔行，
夜深千帐灯。

风一更，雪一更。
聒碎乡心梦不成，
故园无此声。

纳兰性德的这一曲《长相思》，真可谓让人心绪迷离，伤情不能自已。我们的龟兹古国，其实又未尝不是如此的“山一程，水一程”、“风一更，雪一更”地走过千年漫漫长路的呢？然而“午梦千山，窗阴一箭”，龟兹古国永远地走下了历史的舞台，带着自己那美好却又未竟的梦，走完了千年蹉跎。她留给我们的，永远是说不完、道不尽的点点滴滴——

龟兹无尽的风土民情，使人留恋往返于这美丽的绿洲之城的城门旁边；而龟兹国的翩翩舞乐，更使人陶醉在了边关大漠中的阵阵天籁声中——“远方的客人请你留下来”——袅袅丝竹音，穿过了上千年的历史时空，承载着数不尽的轻快忧愁飘到了我们的耳边，我们似乎

尾声

看到了龟兹古国的那难以用言语来形容的无尽丰韵，歌舞着的龟兹女郎正在飘舞着那纤纤玉手向我们召唤——她说龟兹的石头也能唱歌，龟兹的羊儿也能跳舞，你信不信？

我们是否能够穿越历史的时空去触摸、去感知那美丽的绿洲之城？没有人能够肯定，但是也没有人能够否定，毕竟龟兹古国是那么地遥远，令人遥不可及，又是那么地亲近，令人几乎唾手可得。龟兹古国已经不单纯

天池

是一个离我们千百年的国度，更成为一个和我们若即若离的神话，一个美丽的传说，所以至今我们走在大漠边关的时候，仍旧会时时听到那夹杂着历史的沧桑感却又能让人们备感亲切的美丽故事，一种历史的沧桑杂糅到了浪漫之中，则没有人再会去考证这一令人着迷的绿洲神话到底是否存在了。因为，龟兹早就成了人们心中的一种历史美的象征，正如楼兰姑娘一样，千百年来始终让人们的身心为之魂牵梦绕地难以言表，却又好似能够在身心深处丝丝感知到的美——

“丝路花语”是多么美丽的景色哦，如若再添上那亭亭玉立的婀娜舞姿，那么这幅画儿，岂不更美丽、更灵动、更动人心弦？

此中有真意，欲辨已忘言……

附录 龟兹古国大事年表简编

公元前 206 年——匈奴冒顿单于击败了当时居住在敦煌、祁连之间的大月氏国，月氏部众四散，有一部分流落到塔里木盆地北部的国家，很多人到达了龟兹古国。

公元前 177 年——匈奴控制了楼兰、乌孙、呼揭、龟兹、车师、焉耆、疏勒等国及其旁国共 26 国，龟兹从此臣服匈奴 76 载。

公元前 101 年——汉将李广利出兵西征，先后攻伐大宛，灭轮台，降渠犁，在西域设立使者校尉，率领田卒在轮台和渠犁等地屯田，汉朝政府势力正式进入了龟兹地区，匈奴独霸该地的历史结束了。

公元前 92 年——匈奴设置僮仆都尉，管辖西域龟兹等诸国赋税进贡。

公元前 86 年——汉昭帝采纳了大臣桑弘羊的建议，经营轮台，派扞弥国太子赖丹为轮台屯田校尉。

公元前 77 年——龟兹贵族姑翼怂恿龟兹国王发兵东伐轮台，围而破之，杀了赖丹和屯田士卒，占领了轮台及其以东地方。

公元前 71 年——汉宣帝特派长罗侯常惠至乌孙，调集乌孙、莎车以及疏勒三国兵卒，兴师龟兹，追问汉昭帝时龟兹攻杀轮台屯田兵士及赖丹之罪。龟兹国王绛宾捆缚了姑翼交给了常惠，常惠以汉家名义斩杀了姑翼，龟兹再次归附汉朝。

公元前 66 年——龟兹国绛宾国王以浪漫“抢亲”的方式娶到了乌孙国汉朝公主解忧公主的女儿弟史。

公元前 65 年——龟兹国绛宾国王携夫人弟史至汉朝都城长安朝觐天子，封赏有加，二人留长安一年而回龟兹。

公元前 60 年——汉朝都尉郑吉集结渠犁、龟兹等国 5 万余人，迎接归附汉朝的匈奴日逐王。同年汉朝在乌垒设置汉西域都护府，龟兹受其节制。

公元 9 年——王莽建立“新”朝，从此对西域龟兹等国政策改变，诸国开始混乱。

公元 16 年——王莽派遣西域都护李崇率军出征西域，龟兹国丞德王极力支持，龟兹与莎车共同发兵，随汉军征讨焉耆。李崇失败等退守龟兹，李崇不久逝世，龟兹情形日益恶化。

公元 46 年——莎车国王贤率兵直入龟兹王城，杀龟兹王弘，并且诛其全族，龟兹亡国。贤将龟兹国一分为二，分而治之，设罗为龟兹新王。

公元 50 年——龟兹人迫于罗的残酷统治起而杀掉罗，重新投身匈奴势力，匈奴另立身毒和建为龟兹新国王。

公元 73 年——龟兹王身毒和建进攻疏勒，攻破疏勒都

城，杀疏勒国王成，新立龟兹国左侯兜题为疏勒国新国王，疏勒臣服龟兹。

公元75年——龟兹王身毒和建联合匈奴势力进攻西域都护府地它干城，都护陈睦、副校尉郭恂力战死，龟兹又发兵进攻疏勒，为班超所阻。次年班超回京，疏勒被龟兹占领。

公元78年——龟兹尤利多继承王位，图谋攻打班超以扩张势力，后被班超智破。

公元91年——龟兹尤利多国王投降班超，其附属国姑墨、温宿、尉头一同附汉，班超废尤利多，另立龟兹在京质子白霸为新王，恢复西域都护，仍设立在龟兹境内它干城。

公元95年——班超经营西域取得成功，安定了龟兹等西域诸国，使之一一附汉，班超晋封定远侯。

公元106年——西域诸国复起而反汉，西域都护段禧得龟兹王白霸之力而苦撑数月，终于解围，安定了龟兹的形势。

公元107年——鉴于西域地区的混乱与汉朝在西域经营的日益不力，汉朝决定罢西域都护，龟兹国重新归入匈奴麾下。

公元123年——班超之子班勇，子承父业，出任汉朝西域长史，驻守柳中（今鄯善县鲁克沁镇），重新经营西域。

公元127年——班勇发兵万余攻占焉耆，龟兹、于阗、莎车、疏勒等17国尽数归附汉朝，班勇设置西域长史，管理龟兹等国事务。

公元222年——龟兹国遣使入觐，归附魏朝，魏复设西域戊己校尉，龟兹与中原的来往复通。

公元258年——龟兹高僧帛延至魏都洛阳，翻译佛教经典，译出《无量清净平等觉经》二

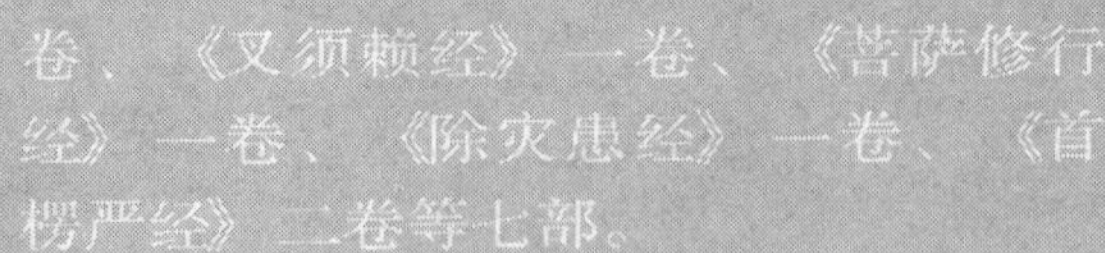

卷、《叉须赖经》一卷、《菩萨修行经》一卷、《除灾患经》一卷、《首楞严经》二卷等七部。

公元 266 年——龟兹居士帛元信在长安参与《弘赞法华传》以及《须真天子经》等经典的翻译。后来他又参与了《正法华经》10 卷的校译工作。

公元 310 年——龟兹佛教高僧佛图澄来到洛阳，讲佛传法，洛阳伽蓝寺院一时大兴，几至千所。

公元 344 年——鸠摩罗什诞生于龟兹国。

公元 383 年——前秦皇帝苻坚派遣大将吕光率兵西征，击败龟兹所请的狯胡国援军，龟兹国王帛纯弃城而逃，吕光另立帛纯之弟白震为新王，龟兹归顺前秦。

公元 386 年——前秦败于东晋，吕光停止东返，在姑臧建立后凉政权，龟兹便由前秦而归于后凉政权麾下。次年即遣使入贡。

公元 435 年——北魏太武帝拓拔焘派遣万度归领兵西征，万度归轻骑突进，龟兹等国尽归顺北魏。

公元 561 年——龟兹国派遣使节赴北周朝觐贡物，自此附北周。

公元 565 年——北周高祖武皇帝宇文邕娶西域突厥可汗女为后，龟兹著名乐理专家苏抵婆随至长安。

公元 581 年——隋朝文帝颁布新律，龟兹乐位列隋七部乐之一。后苏抵婆将龟兹乐的七调和中原地区的音乐加以融会变通，创立新的“五旦三十五调”，即五韵三十五调。

公元 583 年——突厥汗国分裂为东西二部，龟兹自此属西突厥统驭。

公元 630 年——唐朝高僧玄奘西去天竺国路经龟兹国，

龟兹国王亲为郊迎，玄奘留龟兹 60 余日，讲法论佛。

公元 640 年——唐太宗派侯君集攻伐高昌，侯君集出兵迅速，高昌一举被唐朝所灭。唐朝灭高昌后，在其地设置安息都护府，开始着手经略西域地方。

公元 647 年——唐太宗命令大将阿史那社尔为大唐昆山道行军大总管，和契尔何力、郭孝恪、杨弘礼、李海岸五将军共同发铁勒十三部及突厥骑十余万西讨龟兹。龟兹国王诃黎布失毕战败，阿史那社尔立原先国王之弟叶护为龟兹新王，并且在龟兹重新设立都督府，并设立“安西四镇”。

公元 650 年——鉴于龟兹国内派系纷争不能自已，唐朝重新将被大将阿史那社尔俘虏送往长安的原龟兹国王诃黎布失毕遣送回龟兹，以平息内争。

公元 657 年——唐高宗命令大将杨胄率兵西讨龟兹国篡乱国政的羯猎颠，杨胄大败其军，使龟兹国的形势复归于稳定，唐朝又立国王诃黎布失毕的儿子素稽为龟兹新王，兼领设在龟兹的唐朝安西都督府都督。

公元 670 年——吐蕃发兵直指西域诸国，连陷西域十八州，挟于阗一同出击龟兹，攻陷了龟兹换城，龟兹于是被吐蕃占领，唐朝安西四镇尽数落入吐蕃之手。

公元 676 年——吐蕃复陷“安西四镇”，龟兹再次被吐蕃所占领。

公元 685 年——武则天任命元庆为左玉钤卫将军，任命斛瑟罗为右玉钤卫将军，前往安抚西域诸部势力，使其向化归唐，改变受吐蕃节制的局面。

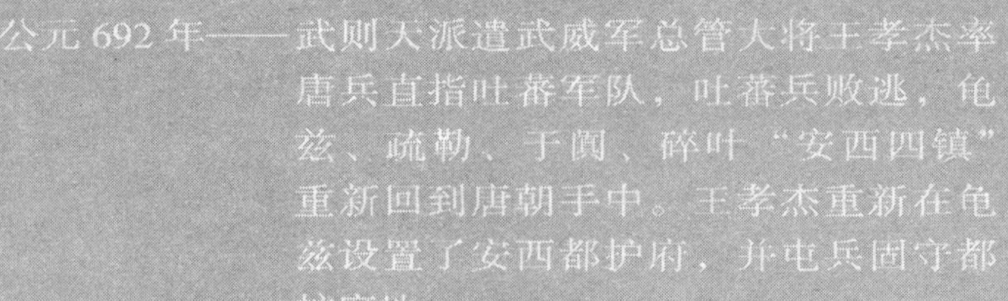

公元 692 年——武则天派遣武威军总管大将王孝杰率唐兵直指吐蕃军队，吐蕃兵败逃，龟兹、疏勒、于阗、碎叶“安西四镇”重新回到唐朝手中。王孝杰重新在龟兹设置了安西都护府，并屯兵固守都护府地。

公元 747 年——安西副都护、安西四镇节度副使高仙芝领命率兵首先出伐吐蕃在西域的势力，取得大胜。

公元 751 年——高仙芝再度领兵出征中亚，与大食军队相战于怛逻斯城。

公元 755 年——“安史之乱”爆发，天下震恐。

公元 756 年——唐肃宗李亨登基颁诏天下，令各地勤王。西域诸国遥为响应，龟兹积极参与其中。龟兹国王白孝德亲自东征叛军，前后发兵约一万两千余人随唐军平叛。

公元 772 年——唐朝在罽宾出家的别将车奉朝即法界法师返国途中到达龟兹，法界邀请龟兹高僧勿提提羼鱼翻译了他的罽宾国师父舍利越魔三藏交给他的《十力经》佛经。

公元 800 年——回鹘占领了北庭都护府，进而进占了龟兹国。

公元 847 年——叶护庞特勤在安西都护府的驻地龟兹国称可汗，数次派遣使节向唐朝遣使入贡以修好中原，各地陆续承认了庞特勤的可汗位置，最后庞特勤从龟兹迁往高昌，从此庞特勤的回鹘部也称为高昌回鹘，龟兹作为高昌回鹘的辖属，从此开始走向了回鹘化。

公元 863 年——回鹘黠戛斯遣使节赴长安，向唐懿宗入贡上书，请求发兵攻伐庞特勤部，唐懿宗没有同意黠戛斯的请求，从而

默认了高昌回鹘对龟兹国的领有。从此，龟兹国在对唐朝政府的朝贡中，称呼不再沿袭龟兹国，而是称“龟兹回鹘”或称“狮子王”，也称“大回鹘龟兹国”。龟兹古国走完了近千年的路程，自此寿终正寝。

附录 龟兹古国大事年表简编